ALISON CARR

Alison's theatre credits include *T* Tricks Theatre Company); *Cater* Theatre, finalist for Theatre503 F Plough/RWCMD/Gate Theatre); the Year, Journal Culture Awards); *Fat Alice* (Live Mor/Aberdeen Performing Arts); *The Soaking of Vera Shrimp* (winner of Live Theatre/The Empty Space Bursary Award); *A Wondrous Place* (Northern Spirit, finalist for Best Studio Production, Manchester Theatre Awards); *Can Cause Death* (performed by Olivier Award-winner David Bradley, Forward Theatre Project, National Theatre/Northern Stage/Latitude Festival).

Audio credits include *Armchair Adventures* (Made by Mortals); *We Step Outside and Start to Dance* (Arts Council England, National Lottery); *Stuff* (performed by Olivier Award-winner Sophie Thompson, Painkiller Podcast); *Dolly Would* (BBC Radio 4). Online credits include *Last Quizmas* (Box of Tricks Theatre Company); *Uniform* (Onstage: Online).

DAF JAMES

Daf's credits include *Graveyards in My Closet* (BBC Radio 4); *Tylwyth* (Theatr Genedlaethol Cymru/Sherman Theatre); *On the Other Hand, We're Happy* (Paines Plough/Theatr Clwyd); *Reputations* (BBC Studios); *Nurseryland Revolution* (Let's Play/National Theatre); *My Mother Taught Me How to Sing* (BBC Radio 4); *City of the Unexpected* (National Theatre Wales); *All That I Am* (Richard Burton Theatre Company/Gate); *Wonderman* (Gagglebabble/NTW); *Mother Courage* (NTW); *Crackanory* (Tiger Aspect/Dave); *Psychobitches* (Tiger Aspect/Sky Arts, Rose d'Or Award Winner); *Heritage* (NT Connections); *Sue: The Second Coming* (Soho Theatre and UK tour); *Terrace* (BBC Radio 3); *Gwaith/Cartref* (ten episodes, Fiction Factory); *The Village Social* (NTW); *Click* (Mess up the Mess); *Snowchild* (Sherman Cymru/Theatre Iolo); and *My Name is Sue* (Total Theatre Award Winner).

Daf has also translated several plays into Welsh and English, including *Spring Awakening: The Musical* for Theatr Genedlaethol Cymru; *The Flock* by Jesper Wamsler for Gwasg Gomer; *Yuri* by Fabrice Melquiot for August 012, and *Wanted Petula* for August 012, National Theatre Wales and Theatr Genedlaethol Cymru; and his own play *Heritage* for the WJEC Drama specification.

Other Original Plays for Young People to Perform from Nick Hern Books

100 Christopher Heimann, Neil Monaghan, Diene Petterle

BANANA BOYS Evan Placey

BOYS Ella Hickson

BRAINSTORM Ned Glasier, Emily Lim and Company Three

BROKEN BISCUITS Tom Wells

BUNNY Jack Thorne

BURYING YOUR BROTHER IN THE PAVEMENT Jack Thorne

THE CHANGING ROOM Chris Bush

CHAOS Laura Lomas

COCKROACH Sam Holcroft

COMMENT IS FREE James Fritz

EIGHT Ella Hickson

THE FALL James Fritz

GIRLS LIKE THAT Evan Placey

HOLLOWAY JONES Evan Placey

THE IT Vivienne Franzmann

OVERSPILL Ali Taylor

PRONOUN Evan Placey

REMOTE Stef Smith

SAME Deborah Bruce

THE SMALL HOURS Katherine Soper

START SWIMMING James Fritz

STUFF Tom Wells

THE URBAN GIRL'S GUIDE TO CAMPING AND OTHER PLAYS Fin Kennedy

THE WARDROBE Sam Holcroft

WHEN THEY GO LOW Natalie Mitchell

Platform

Platform is a series of plays for young actors with all or mainly female casts, which put young women and their stories at the heart of the action – commissioned by Tonic Theatre, published and licensed by Nick Hern Books.

BRIGHT. YOUNG. THINGS. Georgia Christou

HEAVY WEATHER Lizzie Nunnery

THE GLOVE THIEF Beth Flintoff

THE LIGHT BURNS BLUE Silva Semerciyan

RED Somalia Seaton

SECOND PERSON NARRATIVE Jemma Kennedy

THIS CHANGES EVERYTHING Joel Horwood

For more information, visit www.tonictheatre-platform.co.uk

Alison Carr

TUESDAY

With a Welsh-language translation

UN BORE MAWRTH

by Daf James

NICK HERN BOOKS

London

www.nickhernbooks.co.uk

A Nick Hern Book

Tuesday first published in Great Britain in 2021 as a paperback original by Nick Hern Books Limited, The Glasshouse, 49a Goldhawk Road, London W12 8QP

Tuesday copyright © 2021 Alison Carr
Welsh translation *Un Bore Mawrth* copyright © 2021 Daf James

Alison Carr has asserted her moral right to be identified as the author of this work, and Daf James has asserted his moral right to be identified as the translator of the Welsh-language version

Cover image: © iStock.com/gyro/ClaudioVentrella/Tolga TEZCAN

Designed and typeset by Nick Hern Books, London
Printed in the UK by Mimeo Ltd, Huntingdon, Cambridgeshire PE29 6XX

A CIP catalogue record for this book is available from the British Library

ISBN 978 1 83904 000 9

Woodland
CARBON
www.woodlandcarbon.co.uk
NICK HERN BOOKS
Printed on Carbon Captured paper

TUESDAY

Alison Carr

*To everyone who has had their
lives turned upside-down*

Author's Note

Tuesday was born after I fell down an internet rabbit hole reading about parallel universes and multiverses. I wanted to write something about choices and consequences, about 'what if' we got to look a path we didn't take in the eye. I wanted to write something that would excite, entertain and intrigue the young performers taking it on, and set theatrical challenges to explore and overcome. I think I have done this. I hope so. If you're embarking on producing this play, it's yours now to find and make and tell as you will. I hope you have fun.

Thanks

Thank you to Ola Animashawun and everyone at National Theatre Connections, and to all of the young performers and their teams who have taken on *Tuesday* – or are about to!

A.C.

Tuesday was commissioned as part of the 2020 and 2021 National Theatre Connections Festivals and premiered by youth theatres across the UK, including a performance at the National Theatre.

Each year the National Theatre asks ten writers to create new plays to be performed by young theatre companies all over the country. From Belfast to Greenock, from Aberystwyth to Norwich, from Plymouth to Peckham, Connections celebrates great new writing for the stage – and the energy, commitment and talent of young theatremakers.

www.nationaltheatre.org.uk/connections

8

Characters

'US'   'THEM'

ALEX (F)   JAY (M)
ASH (F)   MAGPIE (F)
BILLY (M)   SAM (F)
MACK (F)   CAM (M)
FRANKY (M)

Plus an ensemble of as many performers as you wish,
including:

ALI   FIGURE 1
REMY   FIGURE 2
CHARLIE
NAZ
LOU

For the purposes of writing the script, the principal characters
have been allocated a sex (5F, 4M), but this can be changed as
required. Associated pronouns can also be altered (he/him,
she/her, they/them).

Note on Text

The dialogue should be performed with pace.

Direct address to the audience, telling them the story of what happened, is in italics.

Dialogue between characters in the moment is not.

Stage directions are in italics and brackets.

There are no breaks between the narration sections and the scenes. Each section flows quickly and smoothly into the next.

Lines that are not allocated to named characters (indicated with a —) can be performed by individuals or multiple speakers. I'd encourage the performers to find characters in the unallocated lines too.

Please perform the play in your own accents and alter any regional specifics (e.g. 'mam') if needed.

There is no set and there are two named props (an orange and a bag).

— It happened on a Tuesday.

— Which is surprising, cos nothing decent ever happens on a Tuesday.

— Everyone knows that.

— Tuesdays – they're nothing.

— They're grey.

— Beige.

— Lame.

— Boring.

— But this Tuesday…

   It started off the same as any other.

   Wake up.

— Alarm.

— Snooze.

— Alarm.

— Snooze.

— Alarm.

— Snooze.

— (As a parent shouting.) Get up!

ALL. *Groan.*

— Have a wash.

— Get dressed.

— Have breakfast.

— *Brush teeth.*

— *Shoes on.*

— *Coat on.*

— *Bag on.*

ALL. *And go to Lane End School.*

— *Even the name is dull. It's not even at the end of a lane.*

— *Old concrete buildings and plastic annexes. A sports field. A yard. A car park.*

— *Just a normal school.*

— *We do Breakfast Club before lessons. Have some cornflakes and then do aerobics. It's fun.*

— *It's knackering.*

— *Morning registration.*

— *Here, miss.*

— *Here, sir.*

— *A sneaky last look at our phones before we have to put them away for the day.*

— *(As a teacher.) Is that a phone?*

ALL. *No.*

— *(As a teacher.) Give it to me. Now. You'll get it back at the end of the day.*

ALL. *Groan.*

   First lesson.

— *Physics.*

— *English.*

— *Art.*

— *PE.*

— *History.*

ALL. *Bell rings.*

    Break.

— (*As a teacher.*) *Wait. The bell is for me, not for you. You are dismissed.*

ALL. *Break.*

    Second lesson.

— *Geography.*

— *Chemistry.*

— *French.*

— *Business Studies.*

— *Maths.*

ALL. *Lunchtime.*

— *And that's when it happened.*

— *It started off the same as every other Tuesday lunchtime.*

    I was eating a Mars Bar.

— *I was in detention.*

— *I was kicking the football with Josh and Tia.*

— *I was standing in the lunch queue.*

— *I was on the toilet.*

— *I was biting my nails.*

— *I was avoiding Mr Simmons.*

— *I was sneezing.*

— *I was crying.*

— *I was playing hockey.*

— *I was talking to Alex.*

ALEX. Shhhhh. Can you hear that?

— What?

ALEX. That.

— *It started off quiet. A low hum. You barely noticed it.*

   Just a scratching out of sight, an irritation in your ear.

— *Suddenly, though, everyone was pouring into the yard from all directions. Hundreds of us. All of us. From every year. Staff too. Flocking into the yard to see what that sound was.*

— *The sound that was building and growing to a loud squealing.*

— *A high screeching.*

— *A cracking.*

— *A breaking.*

— What is it? Where's it coming from?

ALEX. The sky.

— Are you sure?

ALEX. Positive.

— *We all looked up. We squinted.*

— *Peered.*

— *Stared.*

ALL. *Gasped.*

— *The sky over the schoolyard started changing colour. From turquoise to sapphire to aqua to navy, and every shade in between.*

— *It swirled and pulsed. It was beautiful.*

— *It was scary.*

— *Then suddenly it ripped apart. Loud scraping. Blue away from blue. Clouds torn in two. A fat, jagged tear across the sky.*

— *For a moment nobody moved. Nobody breathed.*

  Then whoosh. We started to be pulled up towards the tear.

— *A force. A strength that yanked us off our feet and dragged us up towards the rip in the sky.*

— *Those on the outskirts found themselves being dragged along on their toes towards it, lifting and falling.*

ALI (*being dragged along*). I can't stop!

— *But those right underneath it were sucked straight up into the air.*

REMY (*is sucked up*). Aaarghhhhhh!

— *Quick thinkers grabbed for the nearest thing to cling on to – a bollard.*

— *A drain cover.*

— *A railing.*

— *Some kept their grip.*

— *Others didn't.*

— *And not everyone had something nearby to grab on to.*

— *The sky groaned and creaked as pupils and staff disappeared up through the tear.*

— *The birch tree planted in memory of the old headteacher got unearthed, its roots flapping as it spun up into the sky.*

ASH. But – look – it's stuck. The trunk's gone through the tear but the leaves are blocking it.

— *The pull stopped. Those still in the air dropped down onto the ground. Piles of us – confused.*

— *Frightened.*

— *Relieved.*

— (*At the bottom of a pile?*) *Squashed.*

— *The birch tree quivered and shook, but it stayed plugging the hole.*

ALEX. This is our chance. Now! Let's get inside.

— Come on. Don't look back.

— Hurry up!

— Come on!

ALEX. Is everyone inside?

— I think so. Wait. Who's that?

— Where?

— Over there. It's Miss Moore. What's she doing?

— Making sure everyone's in, I suppose.

ALEX. She needs to get inside. The tree's not going to hold.

— *And it didn't. It disappeared through the tear with a 'thwoop'.*

— *Miss Moore followed close behind, 'thwoop'. Gone.*

— *All of this on a Tuesday lunchtime.*

— *It was really, really weird.*

— *The teachers – those that were left – were wide-eyed and ashen as they ushered us along to the assembly hall. Even Mr Chandra, who's always bragging about that time he dodged a stampeding cow –*

— *A stampeding cow?*

— *Yeah. He was on holiday and –*

— *Anyway.*

— *We all stood blinking and shivering in the hall as they called the registers.*

(*For this section the names and responses – or no responses for the missing – can overlap and extra names can be added if required until we get to* ASH, *who is called last.*)

— Joey?

— Here.

— Evie?

— Here.

— Mack?

MACK. Here.

— Franky?

FRANKY. Here.

— Yasmin?

— Here.

— Leon? Leon?

— *Mrs Turner took our class register cos Mr Humphries was gone, last seen spinning up through the sky.*

— I was meant to have detention with him later.

— Not any more.

— Chloe?

— Here.

— Billy?

BILLY. Here.

— Ash?

ASH (*simultaneous*). Here.

MAGPIE (*simultaneous*). Here.

(ASH *and* MAGPIE *emerge. They are identical. This could be achieved by the two actors wearing the same outfits, having the same physicality, way of speaking, etc. Have fun with it.*)

(*The reaction from the others will also play into this – is there pointing and whispering at the two of them? Does the group move away, isolating them?*)

ASH. Hang on.

MAGPIE. Hang on.

> (*They stare at each other. Might they mirror each other's movements?*)

ASH. You're –

MAGPIE. You're –

ASH. No.

MAGPIE. No.

ASH. Stop copying me.

MAGPIE. Stop copying me.

ASH. Why do you look the same as me?

MAGPIE. Erm, it's you who looks the same as me.

ASH. Freckles here, here, here.

MAGPIE. Wonky ears. Trying to hide them under your hair.

ASH. Can you do that thing with your little finger?

MAGPIE. Yeah.

Have you got that scar on your knee?

ASH. Yeah.

MAGPIE. From falling off your bike?

ASH. Yeah. It hurt.

MAGPIE. Really hurt.

ASH. What's your favourite crisps?

MAGPIE. Pickled Onion Monster Munch.

What's your favourite colour?

ASH. Green.

Have you got a dog?

MAGPIE. No. A cat.

ASH *and* MAGPIE. Called Errol.

Cool.

— *Two identical people. One who hadn't been here before the sky tore in two.*

— *And as the sky swirled outside and the windows shook, we actually looked around us and realised that this was only the start of it.*

— *As well as Ash suddenly having a double and the people who were missing, there were new people too. People we hadn't seen before.*

— *There was at least one teacher I didn't know and quite a few kids.*

It's a big school, we don't all know everyone, but these kids – no one knew them. No one.

— *And then there were the ones who we did recognise – classmates, teammates, friends – who were acting different. Dressed different. Being just, different.*

CHARLIE. That was weird.

— What?

CHARLIE. That, out there. One minute we're talking to Emma, the next the ground opens up.

— The ground?

CHARLIE. Yeah.

— Why are you talking to me, Charlie?

CHARLIE. We're best friends.

— No we're not. We haven't spoken since Juniors.

CHARLIE. What?

— *And slowly the hall split in two. Split into Us and Them.*

ASH. *Faces that were the same as ours, but not us.*

— *Faces we didn't know, that we'd never seen before.*

— *Faces that we did know but were different. We stared.*

— *Blinked.*

— *Smiled.*

— *Frowned at each other across the hall.*

— (*Us.*) Who are you?

— (*Them.*) Who are you?

— (*Us.*) We asked first

— (*Them.*) What's going on?

— (*Us.*) You tell us.

— (*Them.*) We don't know.

— (*Them.*) One minute everything was normal and then an earthquake or, I don't know.

— (*Them.*) The ground opened up, a zigzag across the schoolyard. We got dragged towards it and fell through.

— (*Us.*) The ground didn't open, the sky opened.

— (*Them.*) The ground.

— (*Us.*) The sky.

— (*Them.*) The ground.

— (*Us.*) The sky.

— *And just when we thought things couldn't get any more bizarre –*

SAM. You haven't said my name, miss.

— Who said that?

SAM. Me. You haven't said me. I'm here.

   (SAM *pushes her way through from behind a group*.)

BILLY. Sam?

SAM. Billy. I'm so glad you're okay.

BILLY. Sam, is that you?

SAM. I'm scared, what's going on?

BILLY. It's you. (*Hugs her tight.*)

— Is that…?

— It can't be.

— It is.

— I don't believe it. It's not possible.

— She's right there.

— But how?

— Who is it?

— Billy's sister Sam.

— Sam who died. Last year. Run over by a driver who was texting.

SAM. What? What are they saying?

— This can't be happening.

     What… what if we're all dead?

— I don't think so.

— Is this heaven?

— I hope not.

ALEX. We're not all dead.

— Good.

ALEX. It's obvious really, what's happened.

— Is it?

ALEX. Parallel universes.

ALL. What?!

ALEX. Parallel universes. And our world and their world have collided.

What else could it be?

(*Everyone 'umms' and 'ahhs' but can offer no alternative*.)

ALEX. I've been waiting for something like this to happen. I'm surprised it's taken so long. The signs have been building up for a while.

— Have they?

ALEX. Of course.

— Like what signs?

ALEX. The friction from the different universes piling up and getting squashed together has obviously been causing build-ups of radiation –

— (*Sarcastic*.) Obviously.

ALEX. Which has been making people act weird. Make odd decisions.

— But isn't that just everyone all the time?

ALEX. Okay. Making people act weirder than normal. Make odder decisions.

Get more irritated and angrier with each other.

An increase in anxiety and depression.

JAY. Headaches?

ALEX. Yeah.

JAY. Being tired but not being able to sleep?

ALEX. Yeah.

JAY. I knew it.

ALEX. This is all a bit of a relief, really. It's good to know there's been a reason for it all.

JAY. I was worried we were all just going mad.

ALEX. Me too.

   I'm Alex, by the way.

JAY. Jay.

ALEX. Are you from up there?

JAY. Yeah.

ALEX. But you knew this was coming too?

JAY. I knew something was going on, but no one would listen.

— Sorry to interrupt, but there's no such thing as parallel universes.

JAY *and* ALEX. Yes there is.

— Says who?

ALEX. Me.

JAY. Us.

ALEX. Isn't the fact that all this is happening all the proof you need?

— I don't understand.

— Me neither.

— It's just stupid.

ALEX. No it's not. There's loads of different theories about parallel universes – what they are, where they are, if they are.

JAY. Some people say that déjà vu is evidence that parallel universes are real. Or the Mandela Effect.

— The What Effect?

JAY. People on mass remembering things differently. Google it.

— I'm still confused.

ALEX. Okay. Clearly what's occurred is, the new people, the doubles, the different people – their universe and our universe have collided which caused a tear.

— As simple as that?

ALEX. Why not?

Here the tear is in the sky and people got pulled up and out.

JAY. There the tear is in the ground and people got sucked down and in.

— But in all the chaos and everyone whizzing around in the sky, we didn't realise at first that people were falling into our universe too?

ALEX. Exactly.

— But how are there different universes? Where do they come from?

ALEX. That's the question.

JAY. I'm sure between us… two heads are better than one.

ALEX (*unsure*). Yeah. Okay.

JAY. We should start by making a list. Working out who is where.

ALEX. That's exactly what I was going to suggest.

So first – who is missing from this universe?

— Miss Moore.

— Mr Humphries.

— Half the netball team.

— A whole load of Year 9s.

(MACK *appears. She's clearly looking for somebody.*)

MACK. Has anybody seen Ali and Remy?

— They're usually glued to you. Where you are, they are.

MACK. Exactly. So where are they?

— Where have you looked?

MACK. All over.

— They've gone.

MACK. I know that. Where?

— Where do you think? (*Points to the sky.*)

MACK. No.

— I saw them. They spiralled up into the sky, around and around each other so fast I couldn't tell which was which any more, higher and higher. Then gone.

MACK. But what about me?

— You'd rather be up there?

MACK. Dunno. It depends what it's like.

They'll wish I was there. They're going to be lost without me.

— They've got each other. Who have you got, Mack?

MACK. What do you mean? Loads of people. Everyone knows me.

(*But* MACK *is standing noticeably alone. She scurries away.*)

JAY. And who do we have from the other universe who fell in?

— A few Year 7 boys. They're in a huddle in the corner.

— That teacher over there in the ugly cardigan.

— Yeah, that cardigan is definitely from another dimension.

— There's Ash and Other Ash –

MAGPIE. Can you not call me 'Other Ash'. My name's Magpie.

ASH. Why do they call you that? No one calls me Magpie.

MAGPIE. Cos I like shiny things.

ASH. What?

MAGPIE. My granddad called me it once as a joke but it stuck.

ASH. I don't get it.

MAGPIE. I take things. Sometimes. Things that aren't
necessarily mine.

ASH. You steal things?

MAGPIE. Just little things. It's no big deal.

And actually it's not even accurate cos I googled it and
magpies are scared of shiny objects so, yeah.

ASH. What kind of things do you steal?

MAGPIE. Sweets. Crisps. Jewellery. Make-up. Anything.

Nothing big.

Everyone does it.

ASH. I don't.

MAGPIE. Don't look at me like that.

ALEX. Is there anyone else from up there?

— Billy's sister, Sam.

ALEX. Yes. Sam who died here but didn't die up there.

JAY. Is that everyone?

ALEX. Well, there's you.

JAY. Me. Yes.

And although we're not doubles like Ash and Magpie or
related like Billy and Sam, there's definitely some
similarities between us.

ALEX. Definitely.

JAY. Have you lived around here for a long time?

ALEX. My whole life.

You?

JAY. Just moved here last year, my mam got a new job.

ALEX. What's your mam called?

JAY. Sue.

What's your dad called?

ALEX. Tony.

Yours?

JAY. I don't know my dad.

— And, you know, one of you is a girl and one of you is a boy.

ALEX *and* JAY. So?

JAY. It's only the chance of which sperm is the quickest that determines your sex.

ALEX. In this universe a sperm carrying an X chromosome got to the egg first.

JAY. In my universe a Y chromosome won the race. That's all it is.

— *While we tried to work out what was happening, outside the sky continued to swirl and churn, changing colour like a bruise. But no one new fell in. We figured they'd probably all taken cover too.*

— *We could hear sirens wailing in the distance and catch the flicker of blue lights flashing, but no one came.*

MACK. Why is no one coming to help us?

— How can they? Anyone who comes near will get pulled up through the tear.

MACK. Urgh. My phone's totally dead. Is anyone's phone working?

— No.

— No.

— There's no dial tones or Wi-Fi on anything.

MACK. This is an actual nightmare.

— Do you think this is just happening here or everywhere?

MACK. I don't know.

   I hope my brother's okay.

— I hope my dad's okay.

— I hope my stepsister's okay.

— I hope my mam's okay.

— I hope my nan's okay.

— I hope my hamster's okay.

— *The Them seemed alright. We were all just scared.*

— *Confused.*

— *Hungry.*

— *The two sides merged. We chatted.*

— *Laughed.*

— *Worried.*

— *Hoped.*

— *Waited. All we could do was wait.*

   (CAM *loiters. He's keeping to himself, but* MACK *sees him.*)

MACK. You. You.

CAM. Me?

MACK. Yes. I don't know you. Are you from up there?

CAM. Yes.

MACK. Why didn't you speak up when they were asking who
   else fell through?

(CAM *shrugs*.)

Did you really fall through the ground from another
universe?

CAM. S'pose so.

MACK. What's your name?

CAM. Cam.

MACK. Why don't we have a Cam here?

(CAM *shrugs*.)

Do you have a me up there?

CAM. Dunno.

MACK. Oh you'd know. Everybody knows me.

(CAM *shrugs*.)

What's that?

CAM. An orange.

MACK. A what?

CAM. An orange.

MACK. What's that?

CAM. You don't have oranges?

MACK. No

CAM. It's like, a fruit.

MACK. A what?

CAM. You don't have fruit?

MACK. No.

CAM. It's good for you.

MACK. What does an orange taste like?

CAM. Like… sort of like… it tastes like… an orange.

MACK. Like chicken?

CAM. No.

MACK. Like liquorice?

CAM. No.

MACK. Like cabbage?

CAM. No.

MACK. That's a shame.

CAM. Sorry.

MACK. I'm joking with you, stupid. I know what an orange is.

Why are you holding it?

CAM. It's all I've got from up there.

MACK. It'll get sorted out, they'll find a way to get you back.

CAM. I don't know if I want to go back.

MACK. Why not?

CAM. Here might be better.

MACK. Why do you say that?

CAM. You know when you just want the ground to open and
swallow you up?

MACK. Yeah.

CAM. It did. And it was great.

MACK. What were you doing when it happened?

CAM. Eating my lunch behind the new Science block.

MACK. What new Science block?

CAM. Our school has a new Science block.

MACK. Ours doesn't. Mind you, I hate Science.

Why were you eating your lunch there?

CAM. It's quiet. And they leave me alone.

MACK. They?

CAM. I'd been off school for ages with glandular fever. Today was my first day back.

Mr Simmons pointed me out in registration, said 'welcome back' and made everyone turn around and say it too.

ALL. Welcome back, Cam.

CAM. He's horrible, Mr Simmons. I hate him. Do you have him here?

MACK. Yeah.

CAM. What's he like?

MACK. Horrible.

CAM. So everyone said 'welcome back' and I said 'thank you' and smiled. Tried to.

Sometimes in photos I think I'm smiling then when I see it I look like I'm having a really difficult poo.

MACK. I look great in photos.

CAM. The morning dragged so slowly but eventually it was lunchtime.

I was just starting my sandwich when they came around the corner –

(FIGURE 1 *and* FIGURE 2 *emerge.* CAM's *memory of the incident plays out –*)

FIGURE 1. What you doing?

CAM. Just having my lunch.

FIGURE 2. What you having it round here for?

CAM. Dunno.

FIGURE 1. Do you think you're too good to sit with the rest of us?

CAM. No.

FIGURE 2. Have you got any crisps?

CAM. I'm not allowed crisps.

FIGURE 1. Why not?

CAM. Mam says.

FIGURE 2 (*mocking*). 'Mam says.'

CAM. I've got an orange.

> (CAM *hands* FIGURE 2 *the orange, who takes it and throws it*.)

FIGURE 1. Go and get it, then. Go on.

CAM. It doesn't matter.

FIGURE 2. Course it does, it's your lunch. Look, it's rolling into the yard.

> (CAM *goes for the orange but they kick it out of reach. The two* FIGURES *surround him, pushing him between them*.)

CAM. Please, just leave me alone.

FIGURE 1. We're not doing anything.

FIGURE 2. Stop running into us.

> (*The pushing continues, until* CAM *pushes one of them back. Hard. Hard enough for the* FIGURE *to fall over*.)

CAM. Sorry. I'm sorry.

FIGURE 1. You've had this coming for ages.

FIGURE 2. You're so stuck-up.

FIGURE 1. Think you're better than us. You're not.

CAM. And then the ground started to shudder and shake.

FIGURE 2. What's happening?

CAM. I didn't even see the crack open. It must have been right underneath me.

I thought I was falling down cos they'd pushed me over, but I just kept falling and falling and falling. Straight down. Arms by my side, legs straight, like when I went down the log flume that time at Alton Towers.

It was blackness all around me, darker and darker until it spat me out and I landed in the yard.

Just me, though. Not them.

Then something bounced off my head and dropped with a thud beside me.

It was my orange.

(*A group walks past. Someone glances over.*)

MACK (*aggressive*). What are you looking at?

(*The group hurries away.*)

Come over here, you can sit with me.

No one's sitting with me and I don't know why.

(CAM *and* MACK *move away.*)

BILLY. Are you warm enough?

SAM. Yes.

BILLY. Are you hungry?

SAM. No.

BILLY. Thirsty?

SAM. No.

BILLY. Do you need the toilet?

SAM. I'm not a baby. If I need the toilet I'll go to the toilet.

BILLY. Sorry. I just want to make sure you're okay.

SAM. I'm fine.

(SAM *stands up.*)

BILLY. Where are you going?

SAM. Nowhere. My foot's gone to sleep.

BILLY. Is it okay?

SAM. It's just from sitting down for too long.

Urgh, you know when you get pins and needles.

BILLY. It's horrible.

Sam?

SAM. What?

BILLY. When Mam sees you she's going to… I don't know. Cry probably. Loads.

SAM. Yeah.

BILLY. And swear. Loads.

SAM. It's funny, I only just saw her this morning.

BILLY. It's been nearly a year since we saw you.

Sam?

SAM. What?

BILLY. I love you.

SAM. What?

BILLY. I love you. I want you to know that.

SAM. Okay.

BILLY. I always wish I'd told you I love you more often. Every day.

And… I left Flopsy's cage open when he escaped that time but I let Mam blame you.

SAM. I knew it.

BILLY. Sorry.

SAM. You don't need to say sorry.

BILLY. I do, though. I always felt bad about that. She really shouted at you.

SAM. I know but it wasn't you, was it?

BILLY. It was, I just said. I was feeding him and I didn't close the lock properly.

SAM. No, I mean it was my Billy, not you.

BILLY. Oh.

SAM. I'm not being nasty.

BILLY. I know.

SAM. Are you crying?

BILLY. No. (*But he is upset.*)

(FRANKY *appears, anxious. He accidentally bumps into* SAM. BILLY *overreacts and squares up to him.*)

Oi. Be careful.

FRANKY. Sorry.

BILLY. Watch where you're going.

FRANKY. I'm sorry.

BILLY. What use is sorry?

SAM. Stop it. It was nothing. I'm fine.

BILLY. He's barging around like an idiot. Like he owns the place.

SAM. That's enough.

(*To* FRANKY.) Sorry about him.

BILLY. Don't apologise for me.

SAM. You do it, then.

FRANKY. He doesn't have to.

SAM. He does.

Go on.

BILLY (*quiet*). I'm sorry.

SAM. I can't hear you.

BILLY. I'm sorry.

SAM. I'm sorry, who?

BILLY. What? I don't know. I don't know who this is. Don't you?

SAM. Oh. You're from up there too?

FRANKY. Erm...

SAM. Sorry, I didn't realise. What's your name?

FRANKY. Franky.

SAM. I don't recognise you, sorry. Not that I know everyone, it's a big school.

There's quite a few of us fell through, isn't there?

Do you think it smells different here?

FRANKY. I don't know. A bit.

SAM. I do.

BILLY. A bad smell?

SAM. No, just different. Like when you go round a friend's and their house smells different. Not bad, just different to your house.

BILLY. I'm sorry you don't like the way we smell.

(BILLY *walks away.*)

SAM (*calling after him*). I didn't say that.

(*To* FRANKY.) He's in a mood.

FRANKY. Why?

SAM. Cos I didn't say I love him back.

FRANKY. Why didn't you say it?

SAM. Cos I don't. I love Billy, my Billy, but he isn't him.

I'm not being horrible but I might look the same and sound the same as his sister, but I'm not her.

And I'm sorry his Sam died, but it's not my fault.

The things that have happened here, they're not my problem, you know. They're not our problem, are they?

(BILLY *reappears*.)

BILLY. Mr Chandra is taking groups of us to the canteen for snacks.

I saved you a space in the first group.

SAM. Okay. Are you coming, Franky?

BILLY. I only saved one space.

FRANKY. I can wait.

SAM. See you in a bit then.

FRANKY. Okay.

(SAM *and* BILLY *go*.)

Not my problem.

Not. My. Problem.

(*A group nearby laughs between themselves*.)

(FRANKY *moves over to them*.)

FRANKY. Hi.

— Hello.

FRANKY. I'm Franky, Other Franky, from up there. Can I sit with you?

(*The group happily make a space for* FRANKY.)

(*Elsewhere,* MACK *and* CAM *sit together.*)

MACK. I'm hungry.

CAM. It'll be our turn soon.

MACK. But I'm hungry now. Let's eat your orange.

CAM. I don't know.

MACK. Just holding it isn't helping anyone. Come on.

(MACK *pulls some peel off.*)

Urghh. It's all rotten inside.

Your mam's giving you rotten oranges to eat?

CAM. No.

MACK. It stinks. Go and throw it away.

(*She pushes* CAM *away, although he doesn't get rid of the orange.*)

(NAZ *approaches* MACK.)

NAZ. Where's your little friends, Mack?

MACK. You know where, they got pulled up.

NAZ. I don't think I've ever seen you by yourself before.

MACK. Unlike you, Naz, I have friends.

NAZ. I've got friends too.

MACK. Where?

NAZ. Here.

(*A small group emerges.*)

I think you know them. You've made their lives miserable for years.

MACK. No I haven't.

NAZ. You've made my life miserable.

MACK. It's not my fault you're such a loser.

Yeah, can you all take a step back, please?

(*But they don't and* MACK *is nervous, although she's trying not to show it.*)

NAZ. Not so brave without Ali and Remy here, are you?

(*They circle around* MACK.)

CAM (*quiet*). Leave her alone.

(*A bit louder.*) Leave her.

NAZ. Get lost.

CAM (*louder*). Leave her.

NAZ. What do you care?

You don't know what she's like.

CAM. And this makes you just as bad.

NAZ. It'll do her good to know what it's like to be on the receiving end.

It might make her think twice next time before she says or does something nasty.

CAM. How bad is she?

NAZ. The worst.

MACK. Cam, I'm not. They're just soft. Can't take a joke.

NAZ. This is our only chance.

MACK. Too scared to take me on normally.

NAZ. No, you've always got your sidekicks with you.

MACK. They're my friends.

NAZ. They're as scared of you as we are.

MACK. No they're not.

NAZ. I bet they're glad to be up there, free of you.

MACK. Don't say that.

NAZ. What do you say, Cam?

CAM. I don't know.

(The group tighten around MACK *but* CAM *tries to pull* NAZ *back.)*

No.

NAZ. Too late.

CAM *(calling to a teacher)*. Miss! Miss!

(The group scatters, leaving MACK *shaken.)*

CAM. Are you okay?

MACK. Course I am. I could have taken them on.

CAM. It's scary, isn't it? Being one against a group, all with angry eyes and clenched fists.

MACK. I wasn't bothered.

CAM. You look bothered.

MACK. How come you'll stand up to that lot, but up there you hide behind the Science block?

CAM. I don't know. It's different.

MACK. No it isn't.

CAM. You could just say 'thank you'.

(MACK doesn't reply.)

(MAGPIE appears.)

MAGPIE. I don't know if this is really obvious, but why don't we just go outside?

— What?

MAGPIE. All of us from up there, why don't we just go outside into the yard and get sucked back up into our universe?

(Replies of 'Oh yeah', 'Of course', 'It's obvious', etc.)

Come on then, let's go.

ALEX. Wait, wait, wait.

You can't just go outside and get pulled back up.

SAM. Why not?

ALEX. Who knows where you'll end up?

BILLY. Yeah, Sam, it's not safe.

SAM. We'll end up back home.

JAY. Not necessarily.

This might not be the only breach.

If universes are colliding, there could be tears all over. They might be moving and shifting all the time. You might get pulled up and land in a universe where the dinosaurs never got wiped out or which is entirely submerged in water.

SAM. Or we might end up back home.

JAY. Are you willing to take the risk?

And if it's that easy, why have none of our people up there just jumped back down? Or maybe they've tried and ended up in a different universe entirely. One where cats make the rules and keep humans as pets.

SAM. I don't want to be a cat's pet but I wouldn't mind seeing a dinosaur.

ALEX. Let's all just wait for now until I work something better out.

(ASH *appears, furtive. She beckons to* MAGPIE.)

ASH. Come here.

MAGPIE. What?

ASH. Here.

(MAGPIE *does*. ASH *holds open her bag* – MAGPIE *looks inside*.)

MAGPIE. Where did you get all that?

ASH. Everyone's bags are just lying about. No one's paying attention.

MAGPIE. You stole it all?

ASH. Yeah. It was easy.

MAGPIE. You should put it back.

ASH. Why? I thought you'd be pleased.

MAGPIE. Why would I be pleased?

ASH. I thought it would be fun.

MAGPIE. Was it?

ASH. Not now it isn't, you've spoiled it.

MAGPIE. You don't want to be like me, Ash.

You're good. People like you, respect you.

ASH. I'm boring.

MAGPIE. I'm jealous of boring. Being boring means your parents don't look so tired and disappointed all the time.

ASH. Being boring means my parents expect everything to be perfect. Top of the class, good at everything.

MAGPIE. The first thing I stole was two eyeshadows and a blusher from Topshop.

I was with my friend Katie. She took a denim jacket – walked out wearing it – but I was too scared to take anything that big. We got out of the shop and a security guard appeared. Katie legged it but I was too slow. The security guard brought me back inside and rang my mam.

ASH. I remember Katie.

MAGPIE. Yeah?

ASH. Her and her dad moved away years ago.

But I remember going to town with her most Saturdays, she was always trying to get me to nick stuff.

MAGPIE. You didn't, though.

ASH. No.

MAGPIE. Well, I did.

Mam came. She kept asking why I'd done it, I didn't have to steal. The shop didn't call the police, and she took me home and grounded me. But that time we spent, from the shop to home, it was the most time we'd spent together in ages.

I liked it.

I kept stealing. Sometimes I'd get away with it, sometimes I wouldn't. When I'd get caught, Mam or Dad or both of them would come and shout at me.

They don't now, though. They've given up. But I can't stop myself cos maybe, maybe next time I do something wrong, they'll be bothered again.

ASH. I'd love my parents to not be bothered about what I do, to leave me alone.

MAGPIE. You wouldn't if it happened.

ASH. Were they nice – the eyeshadows and blusher?

MAGPIE. No. Horrible.

ASH. You can still change.

MAGPIE. I don't know.

ASH. Do you want to?

MAGPIE. I think so. I don't really like who I am.

ASH. I don't think we're meant to, are we? Not yet.

(LOU *approaches, angry.*)

LOU. Oi, Ash. I saw you in my bag. Give me my money back.

ASH. I haven't got your money.

LOU. I saw you.

ASH. It was her. (*Pointing at* MAGPIE.)

MAGPIE. What? No it wasn't. It was her.

ASH. It was her.

MAGPIE. It was her.

LOU. I don't know which one's which.

ASH. She took it. Magpie. The clue's in the name.

MAGPIE. Don't do this, Ash.

ASH. She stole your money, Lou.

LOU. I've told sir.

ASH. Good.

LOU. You lot, the Them. You can't be trusted.

— *And so it started. The divide.*

— *Suspicion.*

— *Accusation.*

— I've got money missing, too.

— And me.

— And my phone.

— And my headphones.

— Me too.

— And me.

LOU. Magpie can't be trusted. She needs to be separated from the rest of us.

MAGPIE. I didn't take your stuff.

LOU. Ash says you did.

MAGPIE. She's lying.

LOU. Ash wouldn't lie. She's not like that.

Put Magpie in a classroom on her own.

Sir says. Sir says you're to sit in there on your own and he'll guard outside.

— *The Year 7 boys from up there started to cry that they wanted to go home. It was really sad.*

— *It was really annoying.*

— *We were all getting tired.*

— *Cold.*

— *Bored.*

— *Scared that this wasn't stopping, that things weren't going back to normal.*

— *The novelty had worn off and it wasn't exciting any more.*

— *These people, these strangers.*

— *Outsiders.*

— *Aliens.*

— *Asking so many questions and looking lost. Moaning. Complaining.*

— *Eating our snacks and drinking our drinks.*

— How long are they going to be here?

— Are they going to have to come home with us, cos we haven't got any room.

— What about the new ones – where will they go?

MACK. What will I tell Ali and Remy's parents about where they've gone?

— Are our people okay up there? Will your lot be treating them well?

— Our lot?

— Why did you have to fall into our schoolyard? Why us?

— I just want things to go back to normal.

(SAM *starts to cough*.)

BILLY. Are you okay?

SAM. Yes.

(*But she keeps coughing*.)

BILLY. You don't sound okay.

SAM. There's just a tickle in my throat.

— *Then another one started to cough. Just a little at first, a tickle in their throat, but it didn't stop.*

— *Then another started.*

— *And another.*

— *And another.*

— *And another.*

— *Until all of them from up there were coughing and coughing and coughing.*

BILLY. I'll get you some water.

(*Exit* BILLY.)

JAY. I was worried this might happen.

ALEX. Me too.

— What's going on?

JAY. The first clue was Cam's rotten orange. It was the first sign that our atmosphere isn't compatible –

ALEX (*interrupting*). It isn't compatible –

JAY. That's what I was saying.

ALEX. I know.

JAY. Then why did you butt in? You never let me do the explaining.

ALEX. I do. Loads.

JAY. You're always saying 'I'. 'I did this', 'I worked out'. It's never 'we'.

ALEX. Sorry, I'm not used to working with someone else.

JAY. Neither am I. But it's nice to have someone who understands, who 'gets it' like I do. Don't you think?

ALEX. I don't know. It's… different.

JAY. Fine. Go ahead.

ALEX. What?

JAY. Explain it.

You tell everyone what's happening and then you work out what to do if you're so amazing.

ALEX. Jay…

(*But* JAY *turns away.*)

Our atmosphere and their atmosphere having exactly the same mixture of nitrogen, oxygen, carbon dioxide and argon is really unlikely. Similar, maybe, but not the same.

Something in our atmosphere isn't compatible for them. Is bad for them, even.

— Are they going to be okay?

ALEX. I don't know.

— Are they going to rot like Cam's orange?

ALEX. I don't know.

— What's their atmosphere like up there?

ALEX. I don't know.

— Are our people okay?

ALEX. I don't know.

JAY. You don't know much, do you?

(BILLY *returns with a glass of water for* SAM.)

BILLY. Here you go.

SAM. Thanks.

(SAM *drinks*.)

BILLY. What's this?

SAM. What?

BILLY. On your arm, let me see.

It's a rash. All red spots up your arm. Does it hurt?

SAM. It's itchy.

MAGPIE. Really itchy.

ALEX. You're having an allergic reaction to the atmosphere.

Our air is irritating your skin.

— A rash is worse than a cough.

— A rash is contagious. Are we going to catch it?

ALEX. Probably not.

— Probably isn't very certain. Are you sure?

ALEX. Well, no.

— She said we're going to catch it.

JAY. She didn't.

— She said it's contagious.

ALEX. I didn't.

— It's definitely contagious. Stay away.

— Move away.

— Get over there. Further.

MACK. Further.

CAM. Help me.

MACK. Don't touch me.

CAM. I helped you.

MACK. So?

— Further.

— Further.

— Further.

   (*The sides separate again into Us and Them.*)

   (FRANKY *is resisting being put with the Them.*)

— You too, Franky. Get over there with Them, where you belong.

FRANKY. I'm not one of them.

— Yes you are.

FRANKY. I'm not.

— You said you are.

FRANKY. I lied. I'm Here Franky, not There Franky. I'm from here.

— There is no Here Franky.

FRANKY. Yes there is, just none of you notice me.

— Impossible. You're lying.

FRANKY. I'm not.

— That's what a liar would say.

FRANKY. I swear. I'm not coughing, I've not got a rash. Look.

— Why would you say you're from up there if you're not?

FRANKY. For a fresh start.

— What?

FRANKY. A do-over.

You don't know me cos I'm off school so much looking after my dad. He needs so much help.

I look after him and my little brother – I do the washing, the shopping, cooking, cleaning, all of it. And no matter how hard I try there's always more to do, it never stops. And if they think I can't cope, if they think I'm not doing well enough, we might get split up and I can't let that happen.

I love my dad and I know it's not his fault, but when you thought I was from up there it was such a weight off my shoulders. Other Franky doesn't have all that responsibility.

She said – Sam – she said it's not my problem.

I just wanted it not to be my problem for a little bit. Just so I could have a rest.

— I'm so sorry, Franky.

— I don't believe him.

— What?

— He's lying. He's one of them.

FRANKY. I'm not. Please.

— I believe him.

— So do I.

— I don't.

— Me neither. And do we really want to take the risk?

(FRANKY *is pushed across with the rest of the Them.*)

(BILLY *is in with the Them, with* SAM.)

— Billy, come away.

BILLY. No.

— Come over here to us where it's safe.

BILLY. I'm staying with Sam.

SAM. They're right. You should go over there.

BILLY. No.

SAM. You might catch it, whatever it is.

BILLY. I don't care.

SAM. I'm scared.

BILLY. So am I.

(*They wrap their arms around each other and won't be parted.*)

— *We didn't take our eyes off them.*

— *We didn't blink, didn't dare.*

— *How could we trust them? One was a thief.*

MAGPIE. It wasn't me.

— *One was a liar.*

FRANKY. I'm not lying.

— *Who knew what the rest of them were capable of?*

— *They cowered in a corner and we took turns to stand guard. Teachers too, it wasn't just us wanting to make sure we were kept apart.*

— *They coughed their dry coughs. Their skin got paler. Their eyes drooped.*

— *Outside it was starting to get dark but we could still hear the pull and the rattle from the tear in the sky.*

(BILLY *cradles* SAM *who – along with the rest of the Them – has gotten progressively worse. She's pale, weak.*)

BILLY. I'll get you some more water.

(*He gets up to go but is stopped by* LOU.)

Let me past.

LOU. You can't leave. You might have it, might spread it.

BILLY. I haven't.

LOU. You might.

BILLY. I can't let her die again. You have to let me through.

(BILLY *tries to barge past* LOU *but is pushed back*.)

(SAM *is itching her arm*.)

BILLY. Try not to scratch it. You'll make it bleed.

SAM. Tell me the story about the chicken.

BILLY. What?

SAM. Sorry, I forgot. My head's a bit fuzzy.

Mam used to tell me and my Billy this story when we were
little –

BILLY. About the chicken who felt *cooped* up so went on an
egg-cellent holiday?

SAM. That's right.

Tell it to me.

BILLY. It was silly, for babies.

SAM. Please.

BILLY. I don't know if I can remember it very well.

SAM. Try.

BILLY. It was a cold and rainy day on the farm –

SAM. On Sunnydale Farm.

BILLY. Yes, Sunnydale Farm. It was cold and rainy but out in
the field Farmer Giles was –

(*But* SAM *descends into another coughing fit*.)

I don't know what to do.

What do we do?

We can't just sit here doing nothing.

ALEX. He's right. We have to do something.

ASH. But what?

ALEX. Think. Think, Alex, if you're so clever.

Cam's orange was the first sign. Where is it? Can I see it?

(ALEX *tries to go to* CAM *but* LOU *stops her.*)

ALEX. This could help them. Help all of us.

CAM. Here.

(CAM *throws the orange across to* ALEX. *She studies it.*)

ALEX. What do oranges have? Vitamin-C. What does vitamin-C do?

JAY. Fights infection.

ALEX. Yes. Fights infection.

Go to the kitchens, look for anything full of vitamin-C – oranges, broccoli, cauliflower, Brussels sprouts –

JAY. Urgh, no Brussels sprouts.

ALEX. Yes Brussels sprouts. Go on, quickly.

— Not all of it, though. We need to keep enough back for us. Just in case.

— *The fruit and veg worked. A bit.*

— *It perked them up. A bit.*

— *But they were still coughing. Still had a rash.*

— *They needed to get back to their universe. And quickly.*

ALEX. Okay, let's think.

Jay, can you help me? I really need you to help me.

FRANKY. We can all help.

JAY. Let's go back to the beginning.

What do we know for sure?

SAM. That there's another universe.

ASH. With different versions of us in it.

BILLY. Or people we lost here.

CAM. Or people who aren't here at all.

ALEX. That's right. Yes.

Magpie stole something, Ash didn't.

A driver texted, a driver didn't.

A school built a new Science block, a school didn't.

JAY. Our mam met my dad. Our mam met someone else.

ALEX. And so on.

Different outcomes from different choices.

JAY. And for every choice we make, the option we don't take happens in another universe that exists in its own time and space.

MACK. Okay, so how does that help us now?

ALEX. I don't know.

MAGPIE. Can we undo what we did today? The choices we made? Stop it happening?

ASH. How?

MAGPIE. I don't know.

JAY. The choices we've made can't be undone.

It's not what we *did* that matters –

JAY *and* ALEX. It's what we do now.

BILLY. And that shouldn't be us sitting here separately glaring at each other.

ASH. He's right. It needs all of us, together.

(The two sides merge. They're talking animatedly, throwing around ideas.)

— *We got all of the whiteboards out of the nearby classrooms and put them around the hall.*

— *We got all of the Bunsen burners and microscopes.*

— *All of the art supplies.*

— *All of the textbooks we could find, library books too – fiction and non-fiction, desperately looking for ideas.*

— *Crash mats.*

— *Music stands.*

— *One of those clicky wheels for measuring distance.*

— *Everything we could find to try and help us work out what to do.*

(From all of the activity, CAM *emerges. But no one can hear him.)*

CAM. All of us together.

— What about – ?

CAM. All of us together.

— What if we – ?

CAM. All of us together.

MACK. What are you saying? Shhh, Cam's saying something.

CAM. All of us together.

ASH. Yeah, it needs all of us working together. That's what I said. And we are.

CAM. A human chain.

JAY. Explain.

CAM. We make a human chain, one long enough to reach right up to the tear.

Then someone can climb up it and go through.

MAGPIE. I suggested going up through the tear earlier.

CAM. Yes but if the person is attached to the human chain and there's dinosaurs or giant cats it means they're not stuck in that universe with no way back.

(*There is a beat as everyone thinks about this, then a clamour of 'No', 'No way', 'Not a chance', etc.*)

JAY. Has anyone got a better idea?

(*That shuts everyone up.*)

Okay. We'll make the chain and then I'll go through.

ALEX. You're not well enough.

FRANKY. I'll do it. I've let my dad down and my brother, wanting to be away from them. I'll go through, it's the least I can do.

— Franky, your dad needs you. And your brother. You can't risk it.

FRANKY. Who can risk it? We all have people who need us, who'll miss us.

ASH. I'll do it.

ALEX. Why?

ASH. It's the least I can do.

JAY. What do you mean?

ASH. Magpie knows.

(*Creation of the human chain –*)

— *We started by creating the anchor, two teachers in the assembly hall tied to a pillar with bicycle chains.*

— Secure?

— Secure.

— *From there we snaked out to the door, gripping each other around our waists and tied together by whatever we could find – jumpers, tights, headphone cables. Anything to help us stay together.*

— *As soon as we edged the door open to outside we felt the pull.*

— Deep breath. We can do this. We have to.

— *The chain continued to right under the tear where we started to be lifted off the ground. Grips tightened.*

— *It was hard to tell how high we'd need to go. On and on we went, each new link crawling over the ones in front to add themselves to the human chain.*

CAM. Mack, your turn.

MACK. No way.

MAGPIE. We need everyone.

MACK. I can't.

BILLY. You can.

MACK. I'm scared.

SAM. We're all scared.

MACK. I can't do it on my own.

FRANKY. You're not on your own, look at everyone.

You're next after Naz.

(NAZ *holds a hand out to* MACK *but* MACK *doesn't take it.*)

MACK. I can't.

— *Up and up we went – Us and Them, one after another – reaching up towards the tear in the sky.*

ASH. Is it high enough?

CAM. I don't know, but there's no one left but us two.

— *Cam crawled up first, Ash close behind.*

— *The nearer they got to the tear, the stronger the pull.*

CAM. It's still not quite long enough.

ASH. I could jump?

CAM. No. We need to all stay connected for this to work.

— *All seemed lost, but then –*

CAM. Mack!

MACK. It was boring down there on my own, there was no one to talk to.

— *Finally everyone was connected and Ash was able to stick her head up through the tear.*

ALL. Well?

ASH. It looks like our yard. It's not submerged in water. There's no dinosaurs or giant cats.

Hang on, someone's coming. They've got... it's a rope. They've got a rope. Why didn't we think of that?

— *Ash took the rope, pulled it through the tear and passed it down the human chain to the teachers at the bottom, who tied it to the pillar in the assembly hall.*

— Secure?

— Secure.

— *The human chain climbed down and the rope held fast, joining our two universes together. It was time to swap back.*

ASH. I'm really sorry.

MAGPIE. Forget it.

ASH. I should have admitted it was me.

MAGPIE. You should, yeah. Maybe I'm not the one who needs to change.

— *As they climbed up the rope we smiled, waved, said bye, but we struggled to look them in the eye.*

MACK. See you.

CAM. Yeah.

MACK. You can do it, you know. You can speak up. I've seen it.

Be braver. Remember how it felt standing up for yourself.

CAM. Be kinder. Remember how it felt being scared.

— *As ours came down there was hugging and crying.*

— *Ours had a rash too and a cough. We asked how they'd been treated.*

— Really well.

— They were so kind. So worried.

— They really looked after us.

— *No one said anything.*

— *I looked at the floor.*

— *I looked at my shoes.*

ALEX. Bye then. I couldn't have done it without you.

JAY. I know you couldn't.

ALI. Hiya.

REMY. Hi.

MACK. I missed you.

ALI *and* REMY. Did you?

MACK. Yeah. It's good to have things back to normal.

ALI. Yeah, about that.

REMY. We're not going to walk two steps behind you all the time any more.

ALI. Or agree with everything you say.

REMY. Or do everything you tell us to do.

MACK. Okay.

ALI *and* REMY. Really?

MACK. Yeah.

> (ALI *and* REMY *walk away together, leaving* MACK *behind*.)

MACK. Hold on, wait for me.

> (MACK *follows them*.)

— *Eventually everyone was back where they started except for* –

BILLY. Please don't go.

SAM. I have to.

BILLY. No you don't. Stay. Come home with me and we can be a family again.

SAM. But what about my Billy? What about my mam?

> Do you want them to lose me too, when you know what it feels like?

> (BILLY *shrugs*.)

> I know this is hard.

> But let me go so my Billy doesn't feel as bad as you do.

BILLY. I'm your Billy.

SAM. You're not. You know you're not.

> You are like him, though. Kind. Annoying. Always looking after me.

BILLY. I didn't look after you well enough, though.

SAM. It wasn't your fault.

BILLY. I want my Sam back.

SAM. I know you do. But you can't have her, she's gone.

What you can do is give the Billy up there his Sam back.

BILLY. I love you.

SAM. I love you too.

(*They hug.*)

ALEX. *And just like that, everything was back to normal.*

— *Normal apart from the swirling, yawning tear in the sky.*

ALEX. *Apart from that, yeah.*

— *We blocked the tear up with a trestle table briefly. Mr Chandra and Miss Moore lugged it up the rope. It lasted long enough to evacuate everyone from the area.*

— *The police and ambulance and fire engines and parents and neighbours and carers and mysterious figures in black suits were waiting at a cordon far back from the school gates.*

— *The mysterious figures in black looked quite annoyed when they heard we had saved the day with some rope and a trestle table.*

They swarmed on the building while our worried loved ones enveloped us in more hugs and tears.

— *School was closed for ages which was great at first and then it got quite boring.*

ASH. *I think about Magpie all the time. About what she's doing up there. If she's okay. Will I see her again, if it happened again? Could it happen again?*

ALEX. *At least we know the signs to look out for. Remember – tiredness, headaches, weird behaviour, odd decisions.*

— *The official announcement was that the strange sky was some rare, freak weather phenomenon.*

— *Climate change.*

— *Anything we tried to post on social media disappeared straight away.*

— *There was nothing on the news or in the papers, and we never found out if it was worldwide or just us.*

— *No one believed us about what really happened.*

BILLY. *I haven't told Mam about Sam. Not without any proof. But I know. And it helps me feel better that she's happy and thriving up there, and at least one Billy hasn't lost her.*

MACK. *I wonder about my choices every day now. Everything, even as simple as what to have for breakfast. If I have porridge rather than toast, is a whole new universe created? A porridge-verse? And is that better or worse? What if me in the porridge-verse is having more fun than me here?*

FRANKY. *I started to doubt that it had ever happened at all. It all seemed so far-fetched. That I would even think about leaving my dad. Cos when I saw him outside the school, so worried, I realised that I need him as much as he needs me.*

BILLY. And if you ever need a break, want to hang out.

FRANKY. I'd like that, thanks.

— *When school finally reopened we all ran straight into the yard and looked up into the sky. We squinted.*

— *Peered.*

— *Stared.*

ALL. *Gasped.*

— *It was normal. Totally normal.*

— *Blue.*

— *Calm.*

— *Serene.*

— *Still*.

   But if you looked really closely –

ALEX. There, can you see it?

— Where?

ALEX. There. If you look you can see a faint line, where the sky's been stitched back together. The two blues don't quite match up.

— Can you see it?

— Yeah.

— Me too.

— Where?

— I can see it. So it did happen?

— Definitely.

— One hundred per cent.

— We were right.

— *It happened on a Tuesday.*

— *At Lane End School.*

— *And it was really, really weird.*

   (*The End*.)

UN BORE MAWRTH

Cyfieithiad Cymraeg Daf James
o *Tuesday* gan Alison Carr

I bawb y cafodd eu bywydau eu troi ben i waered

Nodyn gan yr Awdur

Ganwyd *Tuesday* ar ôl imi ymgolli'n llwyr wrth ddarllen ar y
we am fydysawdau cyfochrog ac aml-fydysawdau. Roeddwn i
am ysgrifennu rhywbeth am ddewisiadau a chanlyniadau, am
'beth petai' cyfle i ni edrych ym myw llygad llwybr nad oedden
ni wedi ei ddilyn. Roeddwn i eisiau ysgrifennu rhywbeth a
fyddai'n cyffroi, yn diddanu ac yn ennyn diddordeb y
perfformwyr ifanc a fyddai'n mynd i'r afael ag ef, ac a fyddai'n
rhoi heriau theatraidd i'w harchwilio a'u goresgyn. Rwy'n
credu imi wneud hyn. Gobeithio hynny. Os ydych chi'n mynd
ati i gynhyrchu'r ddrama hon, chi biau hi nawr a chewch ei
gwneud a'i dweud hi fel y mynnoch chi. Gobeithio y cewch chi
hwyl.

Diolch

Diolch i Ola Animashawun a phawb yn National Theatre
Connections, ac i bob un o'r perfformwyr ifanc a'u timau sydd
wedi cydio yn *Tuesday/Un Bore Mawrth* – neu sydd ar fin
gwneud hynny!

A.C.

Comisiynwyd *Tuesday* yn rhan o Ŵyl National Theatre Connections 2020 a 2021 a'i pherfformio am y tro cyntaf gan theatrau ieuenctid ledled y DU, gan gynnwys perfformiad yn y National Theatre.

Bob blwyddyn mae'r National Theatre yn gofyn i ddeg awdur greu dramâu newydd i'w perfformio gan gwmnïau theatr ieuenctid dros y DU i gyd. O Belfast i Greenock, o Aberystwyth i Norwich, o Plymouth i Peckham, mae Connections yn dathlu ysgrifennu newydd gwych i'r llwyfan – ac egni, ymrwymiad a thalent pobl ifanc sy'n creu theatr.

www.nationaltheatre.org.uk/connections

Cymeriadau

(B = Benyw; G = Gwryw)

<table>
<tr><td>'NI'</td><td>'NHW'</td></tr>
<tr><td>ALEX (B)</td><td>JAY (G)</td></tr>
<tr><td>ASH (B)</td><td>PIODEN (B)</td></tr>
<tr><td>BILI (G)</td><td>SAM (B)</td></tr>
<tr><td>MAC (B)</td><td>CAM (G)</td></tr>
<tr><td>FRANKY (G)</td><td></td></tr>
</table>

Hefyd ensemble o berfformwyr o unrhyw faint yn cynnwys:

<table>
<tr><td>ALI</td><td>FFIGWR 1</td></tr>
<tr><td>REMY</td><td>FFIGWR 2</td></tr>
<tr><td>CHARLIE</td><td></td></tr>
<tr><td>NAZ</td><td></td></tr>
<tr><td>LOU</td><td></td></tr>
</table>

Dynodir rhyw y prif gymeriadau yn y sgript (5B, 4G) ond mae modd newid hyn fel y mynnwch. Gallwch newid y rhagenwau ôl (fe, hi, nhw) hefyd.

Nodyn am y Testun

Dylid perfformio'r ddeialog yn gyflym.

Pan fydd cymeriad yn siarad yn uniongyrchol â'r gynulleidfa, mae'r testun mewn print italig.

Mae'r cyfarwyddiadau llwyfan rhwng cromfachau.

Mae pob adran a golygfa yn llifo'n gyflym ac yn llyfn i'r un nesaf.

Gall unigolion neu nifer o lefarwyr berfformio'r llinellau sydd heb eu neilltuo i gymeriadau ag enw penodol (mae – yn dynodi hyn). Byddwn i'n annog y perfformwyr i ddod o hyd i gymeriadau yn y llinellau yma hefyd.

Nodir y ddeialog mewn modd sy'n awgrymu iaith lafar y cymeriadau. Mae croeso i chi berfformio'r ddrama yn eich acenion eich hunain a newidiwch unrhyw eiriau tafodieithol penodol os oes angen.

Does dim set, a dau brop sydd wedi'u nodi (oren a bag).

68

— *Dydd Mawrth o'dd hi.*

— *Sy'n od, achos sdim byd deche'n digwydd ar ddydd Mawrth fel arfer.*

— *Ma' pawb yn gwbod 'ny.*

— *Dyddie Mawrth – dyddie di-ddim.*

— *Dyddie diflas.*

— *Di-nod.*

— *Diystyr.*

— *Boring.*

— *Ond ar y dydd Mawrth hwn…*

   Fe ddechreuodd e fel unrhyw ddydd Mawrth arall.

   Di'no.

— *Larwm.*

— *Snooze.*

— *Larwm.*

— *Snooze.*

— *Larwm.*

— *Snooze.*

— (*Fel rhiant yn gweiddi.*) *Coda!*

PAWB (*yn ochneidio*).

— *'Molchi.*

— *Gwisgo.*

— *Brecwast.*

— *Brwsio dannedd.*

— *Sgidie mla'n.*

— *Cot mla'n.*

— *Bag...*

PAWB. *A bant â ni i Ysgol Penrhewl.*

— *Ma'r <u>enw'n</u> ddiflas. Symo fe hyd yn oed ar ben hewl.*

— *Hen adeilade concrit ac annexes plastig. Ca' chware. Iard. Maes parcio.*

— *Jyst ysgol normal.*

— *Ma' 'na Glwb Brecwast cyn dechre gwersi. Tym' bach o cornflakes cyn 'neud aerobics. Mae'n sbort.*

— *Mae'n knackering.*

— *Wedyn Cofrestru.*

— *Yma, miss.*

— *Yma, syr.*

— *Pip slei olaf ar ein ffone symudol cyn gorfod 'u rhoi nhw i gadw am y diwrnod.*

— (*Fel athro.*) *Ffôn yw hwnna?*

PAWB. *Na.*

— (*Fel athro.*) *Rho fe i fi. Nawr. Gei di e'n ôl ar ddiwedd y pnawn.*

PAWB (*yn ochneidio*).

   Gwers gynta.

— *Ffiseg.*

— *Saesneg.*

— *Celf.*

— *Addysg Gorfforol.*

— *Hanes.*

PAWB. *Y gloch yn canu.*

    Egwyl.

— *(Fel athro.) Arhoswch. I fi ma'r gloch, nid i chi. Bant â chi.*

PAWB. *Egwyl.*

    Ail wers.

— *Daearyddiaeth.*

— *Cemeg.*

— *Ffrangeg.*

— *Astudiaethe Busnes.*

— *Maths.*

PAWB. *Amser cinio.*

— *'Na pryd digwyddodd e.*

— *I ddechre, ro'dd hi fel pob amser cinio dydd Mawrth arall.*

    O'n i'n bwyta Mars Bar.

— *O'n i'n cael detention.*

— *O'n i'n cicio pêl-droed 'da Josh a Tia.*

— *O'n i'n sefyll yn y ciw cinio.*

— *O'n i ar y toilet.*

— *O'n i'n cnoi 'ngwinedd.*

— *O'n i'n osgoi Mr Simmons.*

— *O'n i'n tisian.*

— *O'n i'n llefen.*

— *O'n i'n chware hoci.*

— *O'n i'n siarad 'da Alex.*

ALEX. Shhhhh. Beth yw hwnna?

— Beth?

ALEX. Hwnna.

— *Ro'dd hi'n dawel i ddechre. Mwmial isel. Prin bo chi'n sylwi arno fe.*

   Sŵn crafu yn y pellter, rhyw niwsans yn ein clust.

— *Yn sydyn, ddo, ro'dd pawb yn llifo i'r iard o bob cyfeiriad. Cannoedd ohonon ni. Bob un ohonon ni. O bob blwyddyn. Y staff 'fyd. Yn rhuthro i'r iard i weld beth o'dd y sŵn 'ma.*

— *A'r sŵn yn chwyddo a'n tyfu'n wichian croch.*

— *Sgrech fain.*

— *Sŵn clecian.*

— *Sŵn hollti.*

— Beth yw e? O le ma' fe'n dod?

ALEX. O'r awyr.

— Ti'n siŵr?

ALEX. Bendant.

— *Edrychon ni i gyd lan. A syllu.*

— *Craffu.*

— *Rhythu.*

PAWB. *Rhyfeddu.*

— *Dyma'r awyr yn dechre newid ei lliw uwchben yr iard. O wyrddlas i las saffir i las aqua i nefi, a phob lliw yn y canol.*

— *Ro'dd yr awyr yn chwyrlïo ac yn curo fel calon. Ro'dd hi'n brydferth.*

— *Yn frawychus.*

— *Ac yn sydyn, rhwygodd yr awyr. Rhygnu swnllyd. Glas yn rhannu oddi wrth las. Rhwygwyd cymyle'n ddwy. Rhwyg enfawr fel mellten ar draws yr awyr.*

— *Symudodd neb am eiliad. Anadlodd neb.*

— *Yna wwwsh! Dyma ni'n dechre cael ein tynnu lan tuag at y rhwyg.*

— *Rhyw rym. Rhyw bŵer yn ein codi ni oddi ar ein traed a'n llusgo ni lan tuag at y rhwyg yn yr awyr.*

— *Llusgwyd y rhai o'dd ar gyrion yr iard tuag ato ar flaene'u traed, gan godi a syrthio am yn ail.*

ALI (*yn cael ei lusgo*). 'Wi'n ffili stopo!

— *Ond sugnwyd y rhai o'dd reit o dan y rhwyg yn syth lan i'r awyr.*

REMY (*yn cael ei sugno i fyny*). Aaarghhhhhh!

— *Cydiodd y rheini o'dd â meddwl chwim yn y peth cadarn agosa – bolard.*

— *Gorchudd draen.*

— *Rheilin.*

— *Llwyddodd rhai i ddal 'u gafael.*

— *Methodd eraill.*

— *Ac nid pawb o'dd â rhywbeth wrth law i'w ddal.*

— *Ochneidiodd a griddfanodd yr awyr wrth i ddisgyblion a staff ddiflannu lan drwy'r rhwyg.*

— *Tynnwyd y fedwen o'dd wedi'i phlannu er cof am yr hen brifathro o'r pridd, ei gwreiddie'n chwifio wrth iddi chwyrlïo i'r ffurfafen.*

ASH. Ond – drychwch – ma' fe'n sownd. Ma'r boncyff 'di mynd drwy'r rhwyg ond ma'r dail yn 'i rwystro.

— *Stopiodd y dynfa. Syrthiodd y rhai o'dd yn dal yn yr awyr i'r ddaear. Pentyrre ohonon ni – wedi drysu.*

— *Wedi dychryn.*

— *Yn falch i fod yn rhydd.*

— (*O waelod pentwr?*) *Yn squashed.*

— *Dyma'r fedwen yn dechre crynu a siglo ond arhosodd hi 'na fel plwg mewn twll.*

ALEX. Dyma'n cyfle ni. Nawr! Ma' ishe i ni fynd mewn.

— Dewch. Pidwch edrych 'nôl.

— Glou!

— Dewch mla'n!

ALEX. Ydy pawb mewn?

— 'Wi'n meddwl 'ny. Aros. Pwy yw hwnna?

— Ble?

— Draw f'yna. Miss Moore yw hi. Beth ma' hi'n 'neud?

— 'Neud yn siŵr bod pawb mewn, sen i'n meddwl.

ALEX. Ma' ishe iddi ddod mewn. Symo'r goeden yn mynd i ddal.

— *A 'nath hi ddim. Fe ddiflannodd hi drwy'r rhwyg gyda 'thwoop'.*

— *Ac aeth Miss Moore yn syth ar ei hôl hi, 'thwoop'. Gone.*

— *Hyn i gyd dros amser cinio dydd Mawrth.*

— *Ro'dd e'n hollol, hollol weird.*

— *Dyma'r athrawon – rheina o'dd ar ôl – yn ein tywys ni i'r neuadd, yn wyn fel y galchen a'u llygaid fel soseri. Hyd yn oed Mr Chandra, sy wastad yn brolio am y tro 'na drechodd e fuwch wyllt ar garlam.*

— *Buwch wyllt?*

— *Ie. O'dd e ar ei wylie a –*

— *Ta beth.*

— *Sefon ni i gyd yn y neuadd yn crynu a'n edrych yn syn wrth iddyn nhw alw'r gofrestr.*

(*Yn ystod yr adran ganlynol, gellir galw ac ateb enwau ar yr un pryd – neu heb ymateb ar gyfer y rhai sydd ar goll – a gellir ychwanegu enwau eraill os oes angen, hyd nes cyrraedd ASH, sy'n cael ei galw'n olaf.*)

— Joey?

— Yma.

— Evie?

— Yma.

— Mac?

MAC. Yma.

— Franky?

FRANKY. Yma.

— Yasmin?

— Yma.

— Leon? Leon?

— *Mrs Turner 'nath alw'r gofrestr gan fod Mr Humphries wedi mynd. O'dd e'n troelli drwy'r awyr fel chwyrligwgan y tro dwetha welon ni fe.*

— O'n i i fod i ga'l detention 'da fe nes mla'n.

— Ddim nawr.

— Chloe?

— Yma.

— Bili?

BILI. Yma.

— Ash?

ASH (*ar yr un pryd*). Yma.

PIODEN (*ar yr un pryd*). Yma.

> (*Mae ASH a PIODEN yn ymddangos. Maent yn union yr un fath. Gellir creu'r effaith hon gan ddwy actores yn gwisgo'r un wisg, â'r un osgo a'r un ffordd o siarad, etc. Mwynhewch yr arbrofi.*)

> (*Bydd ymateb eraill iddynt hefyd yn helpu – oes sibrwd a phwyntio tuag atynt? Ydy'r grŵp yn eu hynysu wrth symud oddi wrthynt?*)

ASH. Hang on.

PIODEN. Hang on.

(*Maent yn syllu ar ei gilydd. Yn adlewyrchu eu symudiadau ei gilydd efallai?*)

ASH. Ti'n –

PIODEN. Ti'n –

ASH. Na.

PIODEN. Na.

ASH. Stopa gopïo fi.

MAGPIE. Stopa gopïo fi.

ASH. Pam ti'n dishgwl 'run peth â fi?

PIODEN. Ym, ti sy'n dishgwl 'run peth â fi.

ASH. Freckles fan hyn, fan hyn, fan hyn.

PIODEN. Clustie cam. Trio'u cuddio nhw o dan dy wallt.

ASH. Ti'n gallu 'neud y peth 'na 'da dy fys bach?

PIODEN. Ydw.

O's 'da ti'r graith 'na ar dy ben-glin?

ASH. O's.

PIODEN. Pan gwmpest ti off dy feic?

ASH. Ie. 'Nath e 'nafu.

PIODEN. Really 'nafu.

ASH. Beth yw dy hoff grisps di?

PIODEN. Monster Munch Pickled Onion.

Beth yw dy hoff liw di?

ASH. Gwyrdd.

O's ci 'da ti?

PIODEN. Na. Cath.

ASH *a* PIODEN. O'r enw Eryl.

Cool.

— *Dau berson, ond yn union 'run fath. Un nad o'dd wedi bod yma cyn i'r awyr rwygo'n ddwy.*

— *Ac wrth i'r awyr chwyrlïo tu fas a siglo'r ffenestri, edrychon ni o'n cwmpas a sylweddoli taw 'mond y dechre o'dd hyn.*

— *Yn ogystal ag Ash o'dd yn sydyn â'i dwbwl, a'r bobl o'dd ar goll, ro'dd 'na bobl newydd hefyd. Pobl nad o'n ni wedi'u gweld o'r blaen.*

— *Ro'dd o leia un athro nad o'n i'n nabod ac eitha tipyn o blant.*

Ma' hi'n ysgol fawr, symo pawb yn nabod pawb, ond ro'dd y plant <u>yma</u> – do'dd neb yn 'u nabod nhw. Neb.

Ac wedyn o'dd rheina o'n ni <u>yn</u> 'u nabod – o'r un dosbarth, 'run tîm, ffrindie – o'dd yn ymddwyn yn wahanol. 'Di gwisgo'n wahanol. Jyst bihafio'n… wahanol.

CHARLIE. O'dd hwnna'n weird.

— Beth?

CHARLIE. Hwnna, mas f'yna. Un funud o'n ni'n siarad 'da Emma, y funud nesa ma'r ddaear yn agor.

— Y ddaear?

CHARLIE. Ie.

— Pam ti'n siarad 'da fi, Charlie?

CHARLIE. Ni'n ffrindie gore.

— Nag y'n. Symo ni 'di siarad 'da'n gilydd ers ysgol gynradd.

CHARLIE. Beth?

— *Ac yn araf, rhannodd y neuadd yn ddwy. Rhannu'n Ni a Nhw.*

ASH. *Wynebe o'dd 'run peth â'n rhai ni, ond nyge'n rhai ni o'n nhw.*

— *Wynebe nad o'n ni'n 'u nabod, na 'di'u gweld o'r blaen.*

— *Wynebe yr o'n ni'n 'u nabod ond o'dd yn wahanol. Syllon ni.*

— *Rhythu.*

— *Gwenu.*

— *Gwgu ar ein gilydd ar draws y neuadd.*

— (*Ni.*) Pwy y'ch chi?

— (*Nhw.*) Pwy y'ch chi?

— (*Ni.*) Ni ofynnodd gynta.

— (*Nhw.*) Beth sy'n digwydd?

— (*Ni.*) Gwedwch chi wrthon ni.

— (*Nhw.*) Symo ni'n gwbod.

— (*Nhw.*) Un funud o'dd popeth yn normal ac wedyn, daeargryn neu, sa i'n siŵr.

— (*Nhw.*) Agorodd y ddaear, llinell igam ogam ar draws yr iard. Gethon ni'n tynnu tuag ati a chwympo drwyddo.

— (*Ni.*) Nid y ddaear 'nath agor, yr awyr agorodd.

— (*Nhw.*) Y ddaear.

— (*Ni.*) Yr awyr.

— (*Nhw.*) Y ddaear.

— (*Ni.*) Yr awyr.

— *A jyst wrth i ni feddwl na alle pethe fynd yn fwy bizarre –*

SAM. 'Wedoch chi ddim 'yn enw i, miss.

— Pwy 'wedodd 'na?

SAM. Fi. 'Wedoch chi ddim 'yn enw i. 'Wi yma.

(*Mae SAM yn ei gwthio ei hun drwy'r grŵp.*)

BILI. Sam?

SAM. Bili. 'Wi mor falch bo ti'n OK.

BILI. Sam, ti yw e?

SAM. 'Wi ofn. Beth sy'n digwydd?

BILI. Ti yw e. (*Yn ei dal hi'n dynn.*)

— Nyge...?

— All e ddim bod.

— Ie.

— Sa i'n credu'r peth. Ma' fe'n amhosibl.

— Ma' hi reit f'yna.

— Ond shwt?

— Pwy yw hi?

— Sam, chwaer Bili.

— Sam 'nath farw. Llynedd. Cael ei bwrw drosodd gan yrrwr o'dd yn tecsto.

SAM. Beth? Beth ma' nhw'n gweud?

— All hyn ddim bod yn digwydd.

   Beth... beth os y'n ni i gyd 'di marw?

— Sa i'n meddwl 'ny.

— Y'n ni yn y nefoedd?

— Gobeithio ddim.

ALEX. Symo ni i gyd 'di marw.

— Good.

ALEX. Ma' beth sy 'di digwydd yn amlwg, really.

— Ydy e?

ALEX. Bydysawde cyfochrog.

PAWB. Beth?!

ALEX. Parallel universes. Ac ma'n byd ni a'u byd nhw 'di gwrthdaro.

Beth arall gall e fod?

(*'Ymmm...' ac 'aaah...' wrth i bawb ystyried, ond does neb yn cynnig ateb gwahanol.*)

ALEX. 'Wi di bod yn aros i rywbeth fel hyn ddigwydd. 'Wi'n synnu'i fod e 'di cymryd mor hir. Ma'r arwyddion 'di bod 'ma ers sbel.

— Ydyn nhw?

ALEX. Wrth gwrs.

— Pa arwyddion?

ALEX. Ma' hi'n amlwg bod y ffrithiant sy'n dod o fydysawde gwahanol yn cywasgu a phentyrru ar ben ei gilydd wedi creu lot fawr o ymbelydredd.

— (*sarcastig.*) Obvs.

ALEX. Ac ma' hyn 'di gneud i bobl ymddwyn yn od. Gneud penderfyniade rhyfedd.

— Ond nyge fel 'na ma' pobl yn ymddwyn ta beth?

ALEX. OK. Gneud i bobl ymddwyn yn fwy od nag arfer 'te. Gneud penderfyniade <u>mwy</u> rhyfedd.

Mynd mwy blin a chrac 'da'i gilydd.

Mwy o iselder a gorbryder.

JAY. Penne tost?

ALEX. Ie.

JAY. Bod yn flinedig ond yn ffili cysgu?

ALEX. Ie.

JAY. O'n i'n ame.

ALEX. Ma' fe'n rhyddhad, really. Braf gwbod bod rheswm tu ôl i'r cyfan.

JAY. O'n i'n poeni'n bo ni i gyd jyst yn mynd yn wallgo.

ALEX. Fi 'fyd.

Alex 'yf fi, by the way.

JAY. Jay.

ALEX. Ti o lan f'yna?

JAY. Ydw.

ALEX. Ond o't ti'n gwbod bod hyn yn dod hefyd?

JAY. O'n i'n gwbod bod rhywbeth yn digwydd, ond do'dd neb yn gwrando.

— Sori i dorri ar draws, ond sdim shwt beth â bydysawde cyfochrog.

JAY *ac* ALEX. O's ma' 'na.

— Pwy sy'n gweud?

ALEX. Fi.

JAY. Ni.

ALEX. Nagyw'r ffaith bod hyn i gyd 'di digwydd yn ddigon o dystiolaeth i chi?

— Sa i'n deall.

— Na fi.

— Ma' fe jyst yn hurt.

ALEX. Na dyw e ddim. Ma' 'na loads o ddamcaniaethe gwahanol am fydysawde cyfochrog – beth y'n nhw, ble ma' nhw, ydyn nhw'n bodoli.

JAY. Ma' rhai'n dadle bod déjà vu yn dystiolaeth o fodolaeth bydysawde cyfochrog. Neu'r Mandela Effect.

— Y Beth Effect?

JAY. Pobl on mass yn cofio pethe'n wahanol. Googla fe.

— 'Wi'n dal yn confused.

ALEX. OK. Ma' fe'n amlwg beth sy 'di digwydd, y bobl
    newydd, y parau, y bobl wahanol – ma'u bydysawd nhw a'n
    bydysawd ni 'di gwrthdaro ac wedi achosi rhwyg.

— Mor syml â 'ny?

ALEX. Pam lai?

    Fan hyn ma'r rhwyg yn yr awyr a chafodd pobl 'u tynnu i
    fyny ac allan.

JAY. Fan yna ma'r rhwyg yn y ddaear a chafodd pobl 'u sugno i
    lawr a mewn.

— Ond yng nghanol yr holl anhrefn a phawb yn chwyrlïo o
    gwmpas yr awyr, sylweddolon ni ddim ar y dechre fod pobl
    yn cwympo mewn i'n bydysawd ni hefyd?

ALEX. Yn union.

— Ond shwt ma' 'na fydysawde gwahanol? O le ma' nhw'n dod?

ALEX. Dyna'r cwestiwn.

JAY. 'Wi'n siŵr rhyngon ni… ma' dau ben yn well nag un.

ALEX (*yn ansicr*). Ie. OK.

JAY. Dylen ni ddechre drwy greu rhestr. Gwitho mas pwy sy
    ble.

ALEX. 'Na'n gwmws o'n i'n mynd i'w awgrymu.

    So, yn gynta – pwy sy ar goll o'n bydysawd ni?

— Miss Moore.

— Mr Humphries.

— Hanner y tîm pêl rwyd.

— Llwyth o Flwyddyn 9.

    (*Mae* MAC *yn ymddangos. Yn amlwg yn chwilio am rywun.*)

MAC. O's rhywun 'di gweld Ali a Remy?

— Ma' nhw'n sownd wrthot ti fel arfer. Ble bynnag 'yt ti, 'na le
    ma' nhw.

MAC. Yn union. So ble ma' nhw?

— Ble ti 'di chwilio?

MAC. Bobman.

— Ma' nhw 'di mynd.

MAC. 'Wi'n gwbod 'ny. I ble?

— Ble ti'n feddwl? (*Gan bwyntio i'r awyr.*)

MAC. Na.

— Weles i nhw. Yn troelli lan i'r awyr, rownd a rownd 'i gilydd mor glou o'n i'n ffili gweld pwy o'dd pwy rhagor, yn uwch ac yn uwch. Yna, diflannu.

MAC. Ond beth amdana i?

— Se'n well 'da ti fod lan f'yna?

MAC. Sa i'n gwbod. Ma' fe'n dibynnu shwt ma' fe.

Byddan nhw'n gweld 'yn angen i. Byddan nhw ar goll hebdda i.

— O leia ma' nhw'n gwmni i'w gilydd. Pwy s'da ti, Mac?

MAC. Beth ti'n feddwl? Lot o bobl. Ma' pawb yn nabod fi.

(*Ond mae* MAC *yn amlwg yn sefyll ar ei phen ei hun. Mae'n rhuthro i ffwrdd.*)

JAY. A phwy yma sy 'di cwympo o'r bydysawd arall?

— Cwpwl o fechgyn Blwyddyn 7. Ma' nhw'n cwato yn y gornel.

— Yr athro draw f'yna mewn cardigan hyll.

— Ie, ma'r gardigan 'na from another dimension yn bendant.

— Ma' Ash ac Ash Arall –

PIODEN. Pidwch â galw fi'n 'Ash Arall'. Pioden yw'n enw i.

ASH. Pam ma' nhw'n galw ti'n 'ny? Sneb yn galw fi'n Pioden.

PIODEN. Achos 'wi'n lico pethe sy'n shîno.

ASH. Beth?

PIODEN. 'Nath Dad-cu 'ngalw i'n hwnna fel jôc unwaith, ond
'nath e stico.

ASH. Sa i'n deall.

PIODEN. 'Wi'n cymryd pethe. Weithie. Pethe sy ddim yn
perthyn i fi necessarily.

ASH. Ti'n dwgyd pethe?

PIODEN. Jyst pethe bach. Symo fe'n big deal.

A symo fe hyd yn oed yn 'neud sens ta beth, achos 'nes i
Googlo fe unwaith, ac ofni pethe sy'n shîno ma' pioden, so
'na fe.

ASH. Pa fath o bethe ti'n ddwyn?

PIODEN. Sweets. Crisps. Jewellery. Make-up. Unrhyw beth.

Dim byd mawr.

Ma' pawb yn 'neud e.

ASH. Sa i.

PIODEN. Paid ag edrych arna i fel 'na.

ALEX. O's rhywun arall o lan f'yna?

— Sam, chwaer Bili.

ALEX. Ie. Sam 'nath farw fan hyn ond ddim lan f'yna.

JAY. Y'n ni 'di enwi pawb?

ALEX. Wel, ti.

JAY. Fi. Ie.

Ac er nad y'n ni'n debyg fel Ash a Pioden neu'n perthyn fel
Bili a Sam, ma' 'na ryw debygrwydd rhyngon ni'n bendant.

ALEX. Yn bendant.

JAY. Ti 'di byw 'ma ers sbel?

ALEX. Eriô'd.

Ti?

JAY. Jyst 'di symud 'ma llynedd, gath Mam job newydd.

ALEX. Beth yw enw dy fam?

JAY. Sue.

Beth yw enw dy dad?

ALEX. Tony.

Ti?

JAY. Sa i'n nabod 'y nhad.

— A, chi'n gwbod, ma' un ohonoch chi'n ferch a'r llall yn fachgen.

ALEX a JAY. So?

JAY. Hap a damwain sy'n penderfynu'n rhyw ni. Y sberm cyflyma.

ALEX. Yn y bydysawd yma, sberm â'r cromosom X gyrhaeddodd yr wy yn gynta.

JAY. Yn fy mydysawd i, cromosom Y enillodd y ras. A dyna ni.

— *Wrth i ni geisio datrys beth o'dd yn digwydd, 'nath yr awyr barhau i chwyrlïo a chorddi tu fas, gan newid ei lliw fel clais. Ond syrthiodd neb newydd i mewn. Dybion ni eu bod nhw hefyd wedi mynd i gysgodi.*

— *Ro'n ni'n clywed seirene'n wylofain yn y pellter ac yn gweld goleuade glas ar y gorwel yn fflachio, ond dda'th 'na neb.*

MAC. Pam sneb yn dod i'n helpu ni?

— Shwt gallan nhw? Geith unrhyw un sy'n dod yn agos 'i dynnu lan drwy'r rhwyg.

MAC. Grrr. Ma'n ffôn i'n hollol farw. O's ffôn unrhyw un arall yn gwitho?

— Na.

— Na.

— Sdim dial tone na Wi-Fi ar ddim byd.

MAC. Ma' hwn yn actual nightmare.

— Chi'n meddwl bod hwn yn digwydd jyst yn fan hyn neu ymhobman?

MAC. Sa i'n gwbod.

Gobeithio bod 'yn frawd i'n OK.

— Gobeithio bod Dad yn OK.

— Gobeithio bod 'yn hanner-chwaer i'n OK.

— Gobeithio bod Mam yn OK.

— Gobeithio bod Mam-gu'n OK.

— Gobeithio bod 'yn hamster i'n OK.

— *Ro'n Nhw i'w gweld yn iawn. Jyst bod ofn arnon ni.*

— *Wedi drysu.*

— *Yn llwgu.*

— *Unodd y ddwy ochr. A sgwrsio.*

— *A chwerthin.*

— *A phoeni.*

— *A gobeithio.*

— *Ac aros. 'Na i gyd o'dd i 'neud o'dd aros.*

(*Mae CAM yn loetran. Yn cadw iddo'i hun, ond mae MAC yn ei weld.*)

MAC. Ti. Ti.

CAM. Fi?

MAC. Ie. Sa i'n nabod ti. Wyt ti o lan f'yna?

CAM. Ydw.

MAC. Pam na 'wedest ti 'na pan ofynnon nhw pwy arall o'dd 'di cwympo drwyddo?

(*Mae* CAM *yn codi ei ysgwyddau.*)

'Nest ti wir gwympo drwy'r ddaear o fydysawd arall?

CAM. Ma' fe'n dishgwl fel 'ny.

MAC. Beth yw dy enw di?

CAM. Cam.

MAC. Pam sdim Cam 'da ni fan hyn?

(*Mae* CAM *yn codi ei ysgwyddau.*)

O's 'na fi lan f'yna?

CAM. Sa i'n gwbod.

MAC. O byddet ti'n gwbod. Ma' pawb yn nabod fi.

(*Mae* CAM *yn codi ei ysgwyddau.*)

Beth yw hwnna?

CAM. Oren.

MAC. Beth?

CAM. Oren.

MAC. Beth yw hwnna?

CAM. Sdim orene 'da chi?

MAC. Na.

CAM. Ma' fe fel, ffrwyth.

MAC. Beth?

CAM. Sdim ffrwythe 'da chi?

MAC. Na.

CAM. Ma' nhw'n dda i chi.

MAC. Shwt ma' hwnna'n blasu?

CAM. Fel… sort of fel… ma' fe'n blasu fel… oren.

MAC. Fel cyw iâr?

CAM. Na.

MAC. Fel licris?

CAM. Na.

MAC. Fel cabatsien?

CAM. Na.

MAC. 'Na dreni.

CAM. Sori.

MAC. 'Wi'n tynnu dy go's di, twpsyn. 'Wi'n gwbod beth yw oren. Pam ti'n dala fe?

CAM. 'Na gyd s'da fi o lan f'yna.

MAC. Geith e'i ddatrys, ffindan nhw ffordd o'ch cael chi'n ôl 'na.

CAM. Sa i'n gwbod 'yf fi ishe mynd 'nôl.

MAC. Pam ddim?

CAM. Falle fod fan hyn yn well.

MAC. Pam ti'n gweud 'ny?

CAM. Ti'n gwbod pan ti'n moyn i'r ddaear jyst agor a dy lyncu di?

MAC. Ydw.

CAM. 'Nath e. Ac o'dd e'n fendigedig.

MAC. Beth o't ti'n 'neud pan ddigwyddodd e?

CAM. Byta 'nghinio tu ôl i'r bloc Gwyddoniaeth newydd.

MAC. Pa floc Gwyddoniaeth?

CAM. Ma' 'na floc Gwyddoniaeth newydd yn ysgol ni.

MAC. Ddim yn un ni. Mind you, 'wi'n casáu Gwyddoniaeth.

Pam o't ti'n byta dy fwyd f'yna?

CAM. Ma' fe'n dawel. Ac ma' nhw'n gadel fi i fod.

MAC. Nhw?

CAM. On i 'di bod off ysgol ers ache 'da glandular fever. Heddi o'dd 'y niwrnod cynta i'n ôl.

'Nath Mr Simmons dynnu sylw ata i yn Cofrestru, gweud "Croeso'n ôl" a 'neud i bawb droi o gwmpas a'i 'weud e 'fyd.

PAWB. Croeso'n ôl, Cam.

CAM. Ma' fe'n ddyn horrible, Mr Simmons. 'Wi'n 'i gasáu e. Odi e fan hyn 'fyd?

MAC. Ydi.

CAM. Shwt un yw e?

MAC. Horrible.

CAM. So dyma pawb yn gweud "Croeso'n ôl" a 'wedes i "Diolch" a gwenu. Trio, o leia.

Weithie 'wi'n meddwl 'mod i'n gwenu mewn llunie, ond wedyn pan 'wi'n gweld y llun 'wi'n edrych fel sen i ar y tŷ bach yn cael iyffach o bŵ.

MAC. 'Wi'n edrych yn grêt mewn llunie.

CAM. Llusgodd y bore mor araf ond yn y diwedd o'dd hi'n amser cinio.

O'n i jyst yn dechre 'mrechdan i pan ddethon nhw rownd y gornel –

(*Mae* FFIGWR 1 *a* FFIGWR 2 *yn ymddangos. Gwelwn atgof* CAM *o'r digwyddiad* –)

FFIGWR 1. Beth ti'n 'neud?

CAM. Jyst byta 'nghinio i.

FFIGWR 2. Pam ti'n byta fe fan hyn?

CAM. Dunno.

FFIGWR 1. Ti'n meddwl ti'n rhy dda i ishte 'da ni i gyd?

CAM. Nagw.

FFIGWR 2. O's crisps 'da ti?

CAM. Sa i'n ca'l byta crisps.

FFIGWR 1. Pam?

CAM. Ma' Mam yn gweud.

FFIGWR 2 (*yn gwawdio*). "Ma' Mam yn gweud."

CAM. Ma' oren 'da fi.

> (*Mae* CAM *yn rhoi'r oren i* FFIGWR 2 *sy'n ei dderbyn ac yn ei daflu i ffwrdd.*)

FFIGWR 1. Cer i nôl e 'te. Go on.

CAM. Sdim ots.

FFIGWR 2. Wrth gwrs bod ots, dy ginio di yw e. Drycha, ma' fe'n rholio mewn i'r iard.

> (*Mae* CAM *yn mynd ar ôl yr oren ond maent yn ei gicio o'i afael. Mae'r ddau* FFIGWR *yn ei amgylchynu, gan ei wthio rhyngddynt.*)

CAM. Plis, jyst gadewch fi i fod.

FFIGWR 1. Symo ni'n 'neud dim byd.

FFIGWR 2. Stopa fwrw mewn i ni.

> (*Mae'r gwthio'n parhau, nes i* CAM *wthio un ohonynt yn ôl. Yn galed. Mor galed nes bod y* FFIGWR *yn syrthio drosodd.*)

CAM. Sori. 'Wi'n sori.

FFIGWR 1. Ti 'di bod yn gofyn am grasfa ers ages.

FFIGWR 2. Ti mor stuck-up.

FFIGWR 1. Meddwl bo ti'n well na ni. Symo ti.

CAM. Ac yna dyma'r ddaear yn dechre crynu a siglo.

FFIGWR 2. Beth sy'n digwydd?

CAM. Weles i 'mo'r crac yn agor hyd yn oed. Rhaid 'mod i'n sefyll reit ar 'i ben e.

O'n i'n meddwl bo fi'n cwympo achos bo nhw 'di 'ngwthio i, ond 'nes i jyst cadw mla'n i gwympo a chwympo a chwympo. Yn syth i lawr. Breichie wrth 'yn ymyl, coese'n syth, fel y tro 'na es i lawr y log flume yn Alton Towers.

Ro'dd düwch o 'nghwmpas i i gyd, yn dywyllach a'n dywyllach nes iddo fe 'mhoeri i mas a lanies i yn yr iard.

Jyst fi ddo. Nid nhw.

Wedyn 'nath rhywbeth fownso off 'y mhen i a disgyn wrth 'yn ochr.

'Yn oren i.

(*Mae grŵp yn cerdded heibio. Mae rhywun yn edrych draw.*)

MAC (*yn ymosodol*). Ar beth y'ch chi'n edrych?

(*Mae'r grŵp yn brysio i ffwrdd.*)

Dere draw fan hyn, gei di ishte 'da fi.

Sneb yn ishte 'da fi a sa i'n gwbod pam.

(*Mae CAM a MAC yn symud i ffwrdd.*)

BILI. Wyt ti'n ddigon cynnes?

SAM. Ydw.

BILI. Wyt ti'n moyn bwyd?

SAM. Na.

BILI. Diod?

SAM. Na.

BILI. O's angen toilet arnot ti?

SAM. Sa i'n fabi. Os 'wi angen toilet, af i i'r toilet.

BILI. Sori. 'Wi jyst moyn 'neud yn siŵr bo ti'n OK.

SAM. 'Wi'n iawn.

(*Mae SAM yn codi.*)

BILI. Ble ti'n mynd?

SAM. 'Nunlle. Ma' nhro'd i 'di mynd i gysgu.

BILI. Ydi e'n OK?

SAM. 'Wi jyst 'di bod yn ishte'n rhy hir.

Ych-a-fi, ti'n gwbod pan ti'n ca'l pins and needles.

BILI. Ma' fe'n horrible.

Sam?

SAM. Beth?

BILI. Pan welith Mam ti bydd hi'n… sa i'n gwbod. Yn llefen siŵr o fod. Lot.

SAM. Ie.

BILI. A rhegi. Lot.

SAM. Ma' fe'n funny, 'mond bore 'ma weles i hi.

BILI. Ma' bron i flwyddyn ers i ni weld ti.

Sam?

SAM. Beth?

BILI. 'Wi'n caru ti.

SAM. Beth?

BILI. 'Wi'n caru ti. 'Wi ishe i ti wbod 'ny.

SAM. OK.

BILI. 'Wi wastad yn difaru na 'wedes i 'mod i'n dy garu di'n fwy aml. Bob dydd.

A… fi 'nath adel cawell Flopsy ar agor y tro 'na 'nath e ddianc, ond adawes i i Mam feio ti.

SAM. O'n i'n gwbod 'ny.

BILI. Sori.

SAM. Sdim ishe i ti 'weud sori.

BILI. O's ma' ishe. 'Wi wastad 'di difaru 'ny. 'Nath hi wir weiddi arnat ti.

SAM. 'Wi'n gwbod, ond nyge ti o'dd e, ife?

BILI. Fi o'dd e, 'wi jyst 'di gweud. O'n i'n bwydo fe a 'nes i ddim cau'r clo'n iawn.

SAM. Na, 'wi'n meddwl taw 'yn Bili i o'dd e, nyge ti.

BILI. O.

SAM. Sa i'n bod yn gas.

BILI. 'Wi'n gwbod.

SAM. Wyt ti'n llefen?

BILI. Na. (*Ond mae'n ypsét.*)

> (*Mae* FRANKY *yn ymddangos, yn bryderus. Mae'n bwrw i mewn i* SAM *yn ddamweiniol. Mae* BILI *yn gorymateb ac yn mynd ato'n fygythiol.*)

> Oi. Gofalus.

FRANKY. Sori.

BILI. Gwylia le ti'n mynd.

FRANKY. 'Wi'n sori.

BILI. Pa iws yw sori?

SAM. Gad hi. O'dd e'n ddim byd. 'Wi'n iawn.

BILI. Ma' fe'n twlu'i hunan o gwmpas fel ffŵl. Fel bo fe berchen y lle.

SAM. 'Na ddigon.

> (*Wrth* FRANKY.) Sori ymbiti fe.

BILI. Paid ag ymddiheuro drosta i.

SAM. Ymddiheura di 'te.

FRANKY. Sdim rhaid iddo fe.

SAM. O's.

> Go on.

BILI (*yn dawel*). 'Wi'n sori.

SAM. Sa i'n clywed ti.

BILI. 'Wi'n sori.

SAM. 'Wi'n sori, pwy?

BILI. Beth? Sa i'n gwbod. Sa i'n gwbod pwy yw e? Wyt ti?

SAM. O. Ti o lan f'yna 'fyd?

FRANKY. Ym...

SAM. Sori, o'n i'm yn sylweddoli. Beth yw dy enw di?

FRANKY. Franky.

SAM. Sa i'n nabod ti, sori. Nid bo fi'n nabod pawb, ma' hi'n ysgol fawr.

'Nath itha tipyn ohonon ni gwympo drwyddo, on'dofe?

Ti'n meddwl bo fe'n gwynto'n wahanol 'ma?

FRANKY. Sa i'n gwbod. Tym' bach.

SAM. 'Wi yn.

BILI. Gwynt cas?

SAM. Na, jyst gwahanol. Fel pan y'ch chi'n mynd rownd i dŷ ffrind ac ma' fe'n gwynto'n wahanol. Ddim yn wael, jyst gwahanol i'ch tŷ chi.

BILI. Sori symo ti'n lico'r ffordd ni'n gwynto.

(*Mae* BILI *yn cerdded ymaith*.)

SAM (*yn galw ar ei ôl*). Ddim 'na beth 'wedes i.

(*Wrth* FRANKY.) Ma' fe'n pwdu.

FRANK. Pam?

SAM. Achos 'wedes i ddim 'mod i'n ei garu e'n ôl.

FRANKY. Pam na 'wedest ti ddim?

SAM. Achos sa i yn. 'Wi'n caru Bili, Bili fi, ond nyge fe yw e.

Sa i'n bod yn gas ond falle 'mod i'n edrych 'run peth ac yn swnio 'run peth â'i chwaer e, ond nyge fi yw hi.

Ac ma'n ddrwg 'da fi bod 'i Sam e 'di marw, ond nyge 'mai i yw 'ny.

Ma'r pethe sy 'di digwydd 'ma, nyge 'mhroblem i y'n nhw, ti'n gwbod. Nyge'n problem ni y'n nhw, ife?

(*Mae* BILI *yn ailymddangos.*)

BILI. Ma' Mr Chandra yn mynd â grwpie ohonon ni i'r ffreutur am snacks.

Gadwes i le i ti yn y grŵp cynta.

SAM. OK. Ti'n dod, Franky?

BILI. 'Mond un lle gadwes i.

FRANKY. Alla i aros.

SAM. Wela i di mewn tym' bach 'te.

FRANKY. OK.

(*Mae* SAM *a* BILI *yn mynd.*)

Nid fy mhroblem i.

Nid. Fy mhroblem. I.

(*Mae grŵp gerllaw yn chwerthin ymysg ei gilydd.*)

(*Mae* FRANKY *yn symud tuag atynt.*)

FRANKY. Haia.

— Helô.

FRANKY. Franky 'yf fi, Franky arall, o lan f'yna. Alla i ishte 'da chi?

(*Mae'r grŵp yn hapus i greu lle i* FRANKY.)

(*Mae* MAC *a* CAM *yn eistedd gyda'i gilydd rywle arall.*)

MAC. 'Wi'n llwgu.

CAM. Y'n tro ni fydd hi cyn bo hir.

MAC. Ond 'wi'n moyn bwyd nawr. Gad i ni fyta dy oren di.

CAM. Sa i'n gwbod.

MAC. Symo jyst 'i ddal e'n helpu neb. Dere.

    (*Mae* MAC *yn tynnu ychydig o'r croen i ffwrdd.*)

    Ych-a-fi. Ma' fe 'di pydru tu fewn i gyd.

    Ma' dy fam yn rhoi orene pwdr i ti fyta?

CAM. Nag yw.

MAC. Ma' fe'n drewi. Cer a twla fe bant.

    (*Mae'n gwthio* CAM *i ffwrdd, er nad yw e'n cael gwared ar yr oren.*)

    (*Mae* NAZ *yn nesáu at* MAC.)

NAZ. Ble ma' dy ffrindie bach di, Mac?

MAC. Ti'n gwbod ble. Gethon nhw 'u tynnu lan i'r awyr.

NAZ. Sa i'n meddwl bo fi 'di gweld ti ar ben dy hunan o'r blaen.

MAC. Ma' 'da fi ffrindie, Naz, yn wahanol i ti.

NAZ. Ma' 'da fi ffrindie 'fyd.

MAC. Ble?

NAZ. Fan hyn.

    (*Mae grŵp bychan yn ymddangos.*)

    'Wi'n meddwl bo ti'n 'u nabod nhw. Ti 'di strwa'u bywyde nhw ers blynyddoedd.

MAC. Na 'wi ddim.

NAZ. Ti 'di strwa 'mywyd i.

MAC. Nid 'yn fai i yw e bo ti'n gymaint o loser.

    Ie, allwch chi gymryd cam 'nôl, plis?

(*Ond does neb yn camu'n ôl ac mae* MAC *yn nerfus, er ei bod hi'n ceisio peidio â dangos hynny.*)

NAZ. Symo ti mor ddewr heb Ali a Remy, 'yt ti?

(*Maent yn amgylchynu* MAC.)

CAM (*yn dawel*). Gadewch hi i fod.

(*Yn uwch.*) Gadewch hi.

NAZ. Cer i grafu.

CAM (*yn uwch*). Gadewch hi.

NAZ. Pa ots yw e i ti?

Symo ti'n gwbod shwt un yw hi.

CAM. Ac ma' hyn yn 'neud chi'r un mor wael.

NAZ. 'Neith e les iddi wbod shwt beth yw hi i fod ar yr ochr arall.

Falle feddylith hi ddwywaith y tro nesa cyn gweud neu gneud rhywbeth cas.

CAM. Pa mor wael yw hi?

NAZ. Really gwael.

MAC. Nagw i, Cam. Ma' nhw jyst yn soft. Methu cymryd jôc.

NAZ. 'Ma'r unig gyfle s'da ni.

MAC. Ma' nhw'n ofni fi fel arfer.

NAZ. Na, ma' dy sidekicks wastad gyda ti.

MAC. 'Yn ffrindie i y'n nhw.

NAZ. Ma' nhw'n ofni ti fel ni.

MAC. Na dy'n nhw ddim.

NAZ. Betia i di bo nhw'n falch o fod lan f'yna, yn rhydd ohonot ti.

MAC. Paid â gweud 'ny.

NAZ. Beth ti'n gweud, Cam?

CAM. Sa i'n gwbod.

> (*Mae'r grŵp yn tynhau o amgylch* MAC *ond mae* CAM *yn ceisio tynnu* NAZ *yn ôl.*)

> Na.

NAZ. Rhy hwyr.

CAM (*yn galw athrawes*). Miss! Miss!

> (*Mae'r grŵp yn gwasgaru gan adael* MAC *wedi cael ysgytwad.*)

CAM. Ti'n OK?

MAC. Wrth gwrs bo fi. Allen i 'di handlo nhw.

CAM. Ma' fe'n scary, 'ndyw e? Bod yn unigolyn yn erbyn grŵp, gyda llyged ffyrnig a dyrne tyn.

MAC. Do'n i ddim yn becso.

CAM. O't ti'n dishgwl fel se ti'n becso.

MAC. How come ti'n fodlon sefyll lan iddyn nhw, ond lan f'yna ti'n cwato tu ôl i'r bloc Gwyddoniaeth?

CAM. Sa i'n gwbod. Ma' fe'n wahanol.

MAC. Na 'dyw e ddim.

CAM. Allet ti jyst gweud 'diolch'.

> (*Dyw* MAC *ddim yn ateb.*)

> (*Mae* PIODEN *yn ymddangos.*)

PIODEN. Sa i'n siŵr a yw hyn yn hollol amlwg, ond pam symo ni jyst yn mynd tu fas?

— Beth?

PIODEN. Bob un ohonon ni o lan f'yna, pam symo ni jyst yn mynd mas i'r iard a cha'l ein sugno'n ôl lan i'n bydysawd ni?

> (*Clywir atebion fel 'O, ie', 'Wrth gwrs', 'Yn amlwg', etc.*)

Dewch mla'n 'te, ewn ni.

ALEX. Arhoswch, arhoswch, arhoswch.

Chi'n ffili jyst mynd mas a cha'l y'ch tynnu lan 'to.

SAM. Pam lai?

ALEX. Dyn a ŵyr ble cwplwch chi lan?

BILI. Ie, Sam, symo fe'n sâff.

SAM. Gwplwn ni lan 'nôl gatre.

JAY. Not necessarily.

Falle nyge dyma'r unig rwyg.

Os o's bydysawde'n gwrthdaro, gall fod rhwygiade 'mhobman. Falle bo nhw'n symud a'n cyfnewid o hyd. Falle cewch chi'ch tynnu lan a glanio mewn bydysawd lle 'nath y dinosaurs oroesi, neu mewn un sy wedi'i foddi'n gyfangwbl dan ddŵr.

SAM. Neu falle gwplwn ni lan gatre.

JAY. Ti'n barod i gymryd y risg?

Ac os yw hi mor rhwydd â 'ny, pam sneb o'n pobl ni wedi jyst neidio'n ôl lawr? Neu falle bo nhw wedi trio a 'di bennu lan mewn bydysawd arall hollol wahanol. Un lle ma' cathod yn rheoli ac yn cadw pobl fel anifeiliaid anwes.

SAM. Sa i'n moyn bod yn anifail anwes i gath ond sen i ddim yn meindo gweld deinosor.

ALEX. Gwell i ni i gyd aros am nawr tan i fi weithio rhywbeth gwell allan.

(*Mae* ASH *yn ymddangos, yn llechwraidd. Mae'n galw* PIODEN *draw.*)

ASH. Dere 'ma.

PIODEN. Beth?

ASH. Dere.

(*Mae* PIODEN *yn mynd ati. Mae* ASH *yn dal ei bag ar agor – mae* PIODEN *yn edrych i mewn iddo.*)

PIODEN. Ble cest ti'r rheina i gyd?

ASH. Ma' bagie pawb jyst yn gorwedd o gwmpas. Sneb yn
cymryd sylw.

PIODEN. Ddwgest ti e i gyd?

ASH. Do. O'dd e'n rhwydd.

PIODEN. Ddylet ti'u rhoi nhw'n ôl.

ASH. Pam? O'n i'n meddwl set ti'n blêsd.

PIODEN. Pam bydden i'n blêsd?

ASH. O'n i'n meddwl se fe'n hwyl.

PIODEN. O'dd e?

ASH. Ddim nawr bo ti 'di sbwylo fe.

PIODEN. Symo ti'n moyn bod fel fi, Ash.

Ti'n dda. Ma' pobl yn hoffi ti, parchu ti.

ASH. 'Wi'n boring.

PIODEN. 'Wi'n genfigennus o 'boring'. Ma' bod yn boring yn
golygu symo dy rieni di'n edrych yn flinedig neu'n siomedig
drwy'r amser.

ASH. Ma' bod yn boring yn golygu bod 'yn rhieni i'n dishgwl i
bopeth fod yn berffaith. Y gore yn y dosbarth, da ym mhopeth.

PIODEN. Y peth cynta i fi'i ddwgyd o'dd dau eyeshadow a
blusher o Topshop.

O'n i 'da'n ffrind i, Katie. 'Nath hi ddwgyd denim jacket –
cerdded mas yn 'i gwisgo hi – ond o'dd gormod o ofn mynd
ag unrhyw beth mor fawr â 'ny arna i. Gerddon ni mas o'r
siop a da'th security guard. Rhedodd Katie ond o'n i'n rhy
araf. A'th y security guard â fi'n ôl mewn a ffonio Mam.

ASH. 'Wi'n cofio Katie.

PIODEN. Wyt ti?

ASH. Symudodd hi a'i thad o 'ma flynyddoedd 'nôl.

Ond 'wi'n cofio mynd i'r dre 'da hi bron bob dydd Sadwrn;
o'dd hi wastad yn trio 'nghael i i ddwyn pethe.

PIODEN. Wnest ti ddim, ddo.

ASH. Na.

PIODEN. Wel, fe wnes i.

Dda'th Mam. A chadw gofyn pam 'nes i shwt beth, do'dd
dim ishe i fi ddwyn. 'Nath y siop ddim galw'r heddlu, ac a'th
hi â fi gatre a gwrthod gadel i fi fynd mas. Ond o'dd
yr amser 'na dreulion ni 'da'n gilydd, yn cerdded adre o'r
siop, dyna'r amser hira i ni dreulio 'da'n gilydd ers ache.

O'dd e'n deimlad braf.

Fe wnes i gario mla'n i ddwyn. Ambell waith bydden i'n
llwyddo, ambell waith ddim. Pan o'n i'n ca'l fy nala, bydde
Mam neu Dad neu'r ddau ohonyn nhw'n dod ac yn gweiddi
arna i.

Symo nhw nawr, ddo. Sdim ots 'da nhw rhagor. Ond 'wi'n
ffili stopo'n hunan achos, falle'r tro nesa i fi'i 'neud e, bydd
ots 'da nhw eto.

ASH. Sen i wrth fy modd se'n rhieni i ddim yn becso beth 'wi'n
'neud, ac yn gadel fi i fod.

PIODEN. Fyddet ti ddim se fe'n digwydd.

ASH. O'n nhw'n neis – yr eyeshadows a'r blusher?

PIODEN. Na. Horrible.

ASH. Ti'n dal yn gallu newid.

PIODEN. Sa i'n gwbod.

ASH. Ti ishe?

PIODEN. 'Wi'n meddwl 'ny. Sa i wir yn lico pwy 'yf fi.

ASH. Sa i'n siŵr bo ni i fod, y'n ni? Ddim eto.

(*Mae* LOU *yn agosáu, yn grac.*)

LOU. Oi, Ash. Weles i ti yn 'y mag i. Rho'n arian i'n ôl.

ASH. Symo dy arian di 'da fi.

LOU. Weles i ti.

ASH. Hi o'dd e. (*Gan bwyntio at* PIODEN.)

PIODEN. Beth? Nage. Hi o'dd e.

ASH. Hi o'dd e.

PIODEN. Hi o'dd e.

LOU. Sa i'n gwbod p'un yw p'un.

ASH. Hi gymerodd e. Pioden. Ma' 'na gliw yn yr enw.

PIODEN. Paid â gneud hyn, Ash.

ASH. Hi ddwgodd dy arian di, Lou.

LOU. 'Wi 'di gweud wrth Mr Evans.

ASH. Good.

LOU. Chi lot, Nhw. Ni'n ffili trysto chi.

— *Ac felly y dechreuodd pethe. Y gwahanu.*

— *Yr ame.*

— *Y cyhuddiade.*

— Ma'n arian i ar goll hefyd.

— A fi.

— A'n ffôn i.

— A'n headphones.

— Fi 'fyd.

— A fi.

LOU. Ni'n ffili trysto Pioden. Ma' angen i ni'i gwahanu hi o'r gweddill ohonon ni.

PIODEN. Nid fi a'th â'ch stwff chi.

LOU. Ma' Ash yn gweud taw ti o'dd e.

PIODEN. Ma' hi'n gweud celwydd.

LOU. Se Ash ddim yn gweud celwydd. Symo hi fel 'na.

Rhowch Pioden mewn dosbarth ar ei phen ei hun.

Dyna ma' Mr Evans yn gweud. Ma' Mr Evans yn gweud bod ishe i ti ishte mewn f'yna ar ben dy hun a 'neith e warchod y drws.

— *Dechreuodd bechgyn Blwyddyn 7 lan f'yna lefen achos 'u bo nhw ishe mynd adre. O'dd e wir yn drist.*

— *O'dd e wir yn annoying.*

— *O'n ni i gyd yn dechre blino.*

— *Yn oer.*

— *Yn bored.*

— *Yn ofni na fydde hyn yn stopo, na fydde pethe'n mynd yn ôl i normal.*

— *Ro'dd y newyddwch wedi pallu, do'dd e ddim yn gyffrous rhagor.*

— *Y bobl yma, y dieithriaid.*

— *Estroniaid.*

— *Aliens.*

— *Yn gofyn cymaint o gwestiyne a'n edrych ar goll. Yn cwyno. Yn conan.*

— *Yn bwyta'n snacks ni ac yn yfed ein diodydd.*

— Pa mor hir fyddan nhw 'ma?

— Fydd rhaid iddyn nhw ddod adre 'da ni? Achos sdim lle 'da ni.

— Beth am y rhai newydd – ble ân' nhw?

MAC. Beth 'weda i wrth rieni Ali a Remy am le ma' nhw 'di mynd?

— Ydy'n pobl ni'n OK lan f'yna? Fydd eich pobl chi'n 'u trin nhw'n iawn?

— Ein pobl ni?

— Pam o'dd rhaid i chi gwympo mewn i'n iard ni? Pam ni?

— 'Wi jyst ishe i bethe fynd 'nôl i normal.

   (*Mae* SAM *yn dechrau pesychu.*)

BILI. Ti'n OK?

SAM. Ydw.

   (*Ond mae'n parhau i beswch.*)

BILI. Symo ti'n swno'n OK.

SAM. Ma'n llwnc i'n cosi, 'na i gyd.

— *Yna dyma un arall yn peswch. Jyst tym' bach i ddechre, cosi yn ei llwnc, ond 'nath e ddim stopo.*

— *Yna dechreuodd un arall.*

— *Ac un arall.*

— *Ac un arall.*

— *Ac un arall.*

— *Hyd nes bod pawb o lan f'yna yn peswch a pheswch a pheswch.*

BILI. A' i i nôl dŵr i ti.

   (*Mae* BILI *yn gadael.*)

JAY. O'n i'n poeni y bydde hyn yn digwydd.

ALEX. Fi 'fyd.

— Beth sy'n digwydd?

JAY. Oren pwdr Cam o'dd y cliw cynta. Yr arwydd cynta nad o'dd atmosffer fan hyn yn addas iddyn nhw –

ALEX (*yn torri ar draws*). Symo fe'n addas –

JAY. 'Na beth o'n i'n gweud.

ALEX. 'Wi'n gwbod.

JAY. So pam 'nest ti dorri ar draws? Ti byth yn gadel i fi esbonio.

ALEX. 'Wi yn. Loads.

JAY. Ti wastad yn gweud "Fi". "Fi 'nath hwn", "Fi 'nath ddatrys". Symo fe byth yn "ni".

ALEX. Sori, sa i 'di arfer gweithio 'da unrhyw un arall.

JAY. Na fi chwaith. Ond ma' fe'n neis cael rhywun sy'n deall, sy'n "dallt y dalltings" fel fi. Symo ti'n meddwl?

ALEX. Sa i'n gwbod. Ma' fe'n… wahanol.

JAY. Fine! Gwna di fe 'te.

ALEX. Beth?

JAY. Esbonia fe.

Gwed di wrth bawb beth sy'n digwydd ac wedyn gweithia di mas beth i'w 'neud os 'yt ti mor anhygoel.

ALEX. Jay…

(*Ond mae* JAY *yn troi i ffwrdd.*)

Ma' fe'n anhebygol iawn y bydd gan ein hatmosffer ni a'u hatmosffer nhw yr union un gymysgedd o nitrogen, ocisgen, carbon deuocsid ac argon. Tebyg, falle, ond nid 'run peth.

Ma' 'na rywbeth yn ein hatmosffer ni sy'n anghytuno â nhw. Yn eu niweidio, hyd yn oed.

— Ydyn nhw'n mynd i fod yn OK?

ALEX. Sa i'n gwbod.

— Ydyn nhw'n mynd i bydru fel oren Cam?

ALEX. Sa i'n gwbod.

— Shwt beth yw'r atmosffer lan f'yna?

— Sa i'n gwbod.

— Ydy'n pobl ni'n OK?

ALEX. Sa i'n gwbod.

JAY. Symo ti'n gwbod lot, 'yt ti?

(*Mae* BILI *yn dychwelyd gyda gwydraid o ddŵr i* SAM.)

BILI. Co ti.

SAM. Diolch.

(*Mae* SAM *yn yfed.*)

BILI. Beth yw hwnna?

SAM. Beth?

BILI. Ar dy fraich, gad i fi weld.

Rash yw e. Llwyth o sbotie coch lan dy fraich di. Ydy e'n rhoi lo's?

SAM. Ma' fe'n cosi.

PIODEN. Really cosi.

ALEX. Ti'n ca'l allergic reaction i rywbeth.

Ma'n hawyr ni'n wael i'ch croen chi.

— Ma' rash yn wa'th na pheswch.

— Ma' rash yn contagious. Y'n ni'n mynd i ddal e?

ALEX. Sen i'm yn meddwl.

— Symo ti'n swno'n siŵr iawn. Wyt ti'n siŵr?

ALEX. Wel, na.

— 'Wedodd hi y'n bod ni'n mynd i ddal e.

JAY. Naddo.

— 'Wedodd hi 'i fod e'n contagious.

ALEX. 'Nes i ddim.

— Ma' fe definitely'n contagious. Sefwch bant.

— Symudwch i ffwrdd.

— Ewch draw f'yna. Yn bellach.

MAC. Yn bellach.

CAM. Helpa fi.

MAC. Paid â 'nghyffwrdd i.

CAM. Helpes i ti.

MAC. So?

— Bellach.

— Bellach.

— Bellach.

(Mae'r ochrau'n rhannu eto yn Ni a Nhw.)

(Mae FRANKY *yn gwrthsefyll cael ei roi gyda Nhw.)*

— Ti 'fyd, Franky. Cer draw f'yna gyda Nhw, le ti'n perthyn.

FRANKY. Sa i'n un ohonyn nhw.

— Wyt, mi wyt ti.

FRANKY. 'Wi ddim.

— 'Wedest ti bo ti.

FRANKY. 'Wedes i gelwydd. Franky Fan Hyn 'yf fi, nid
Franky Fan Yna. 'Wi'n dod o fan hyn.

— Do's dim Franky Fan Hyn.

FRANKY. O's ma' 'na, jyst sneb ohonoch chi'n sylwi arna i.

— Amhosib. Ti'n gweud celwydd.

FRANKY. 'Wi ddim.

— 'Na beth se celwyddgi'n gweud.

FRANKY. 'Wi'n addo. Sa i'n peswch, sdim rash 'da fi.
Drychwch.

— Pam set ti'n gweud bo ti o lan f'yna os nag 'yt ti?

FRANKY. Fel bo fi'n gallu dechre 'to.

— Beth?

FRANKY. Dechre o'r newydd.

Symo chi'n nabod fi achos 'wi bant o'r ysgol gymaint yn edrych ar ôl Dad. Ma' angen shwt gymaint o help arno fe.

'Wi'n edrych ar 'i ôl e a 'mrawd bach i – 'wi'n 'neud y golch, y siopa, coginio, glanhau, popeth. A sdim gwanieth faint 'wi'n 'neud, ma' 'na wastad fwy i'w 'neud, symo fe byth yn stopo. Ac os y'n nhw'n meddwl na alla i ymdopi, os y'n nhw'n meddwl nad ydw i'n 'neud yn ddigon da, falle byddan nhw'n y'n gwahanu ni, ac alla i ddim gadel i hwnna ddigwydd.

'Wi'n caru Dad a 'wi'n gwbod nyge'i fai e yw e, ond pan o'ch chi'n meddwl 'mod i o lan f'yna o'n i'n teimlo gymaint ysgafnach. Do's gan y Franky arall ddim yr holl gyfrifoldeb 'ma.

'Wedodd hi – Sam – 'wedodd hi nyge 'mhroblem i yw e.

O'n i jyst yn moyn iddi bido bod yn broblem i fi am tym' bach. Jyst fel bo fi'n gallu ca'l brêc.

— 'Wi mor sori, Franky.

— Sa i'n 'i gredu e.

— Beth?

— Ma' fe'n gweud celwydd. Un ohonyn nhw yw e.

FRANKY. Nage. Plis.

— 'Wi'n 'i gredu e.

— A fi.

— 'Wi ddim.

— Na fi chwaith. Ac ydyn ni wir ishe cymryd y risg?

(*Mae* FRANKY *yn cael ei wthio draw i'r gweddill ohonyn Nhw.*)

(*Mae* BILI i *mewn gyda Nhw, gyda* SAM.)

— Bili, dere 'ma.

BILI. Na.

— Dere draw fan hyn le ma' fe'n sâff.

BILI. 'Wi'n aros 'da Sam.

SAM. Ma' nhw'n iawn. Ddylet ti fynd draw f'yna.

BILI. Na.

SAM. Falle 'wnei di'i ddala fe, beth bynnag yw e.

BILI. Sa i'n becso.

SAM. 'Wi ofn.

BILI. Fi 'fyd.

(*Maent yn dal ei gilydd yn dynn ac yn gwrthod cael eu gwahanu.*)

— *'Nethon ni ddim tynnu'n llygaid oddi arnyn nhw.*

— *Ddim am eiliad, 'nethon ni ddim meiddio.*

— *Shwt gallen ni'u trysto nhw? Ro'dd un yn lleidr.*

PIODEN. Nid fi o'dd e.

— *Ro'dd un yn gelwyddgi.*

FRANKY. Sa i'n gweud celwydd.

— *Dyn a ŵyr y niwed allen nhw 'i 'neud.*

— *Fe gilion nhw i'r gornel a dyma ni'n cymryd ein tro i'w gwylio nhw. Athrawon 'fyd, nid jyst ni o'dd yn moyn 'neud yn siŵr ein bod ni'n cadw ar wahân.*

— *Besychon nhw eu pesyche sych. Gwelwodd eu croen. A'th eu llygaid yn drwm.*

— *O'dd hi'n dechre tywyllu tu fas ond ro'n ni'n dal i glywed sŵn y dynfa'n griddfan o'r rhwyg yn yr awyr.*

(*Mae* BILI *yn magu* SAM *sydd wedi – fel gweddill y Nhw – gwaethygu'n raddol. Mae hi'n welw, yn wan.*)

BILI. Af i i nôl mwy o ddŵr.

(*Mae'n codi i fynd ond mae* LOU *yn ei stopio*.)

Gad i fi fynd heibio.

LOU. Ti'n ffili gadel. Falle bo fe 'da ti, falle 'wnei di'i ledaenu e.

BILI. Nag yw.

LOU. Falle.

BILI. Alla i'm gadel iddi farw 'to. Ma'n rhaid i ti 'ngadel i drwyddo.

(*Mae* BILI *yn trial gwthio heibio i* LOU *ond mae e'n gwthio'n ôl*.)

(*Mae* SAM *yn crafu ei braich*.)

BILI. Tria beidio'i grafu e. Bydd e'n gwaedu.

SAM. Gwed y stori am yr iâr wrtha i.

BILI. Beth?

SAM. Sori, anghofies i. Ma' 'mhen i tym' bach yn fuzzy.

O'dd Mam yn arfer gweud y stori 'ma wrtha i a Bili pan o'n ni'n fach –

BILI. Am yr iâr o'dd yn teimlo'n *cooped-up* felly a'th hi ar *wy-liau egg*-cellent?

SAM. 'Na ti.

Gwed hi wrtha i.

BILI. O'dd hi'n silly, i fabis.

SAM. Plis.

BILI. Sa i'n siŵr ydw i'n 'i chofio hi'n iawn.

SAM. Tria.

BILI. Ro'dd hi'n fore oer a gwlyb ar y fferm –

SAM. Ar Fferm Cwm Rhyd y Rhosyn.

BILI. Ie, Fferm Cwm Rhyd y Rhosyn. Ro'dd hi'n fore oer a gwlyb ond allan yn y cae ro'dd Guto'r Ffarmwr –

(*Ond mae* SAM *yn cael ffit arall o beswch*.)

Sa i'n gwbod beth i 'neud.

Beth 'newn ni?

Allwn ni ddim jyst aros 'ma'n 'neud dim byd.

ALEX. Mae e'n iawn. Rhaid i ni 'neud rhywbeth.

ASH. Ond beth?

ALEX. Meddylia. Meddylia, Alex, os 'yt ti mor glyfar.

Oren Cam o'dd yr arwydd cynta. Ble ma' fe? Ga' i'i weld e?

(*Mae* ALEX *yn ceisio mynd at* CAM *ond mae* LOU *yn ei hatal hi.*)

ALEX. Alle hwn 'u helpu nhw. Helpu ni i gyd.

CAM. Co ti.

(*Mae* CAM *yn taflu'r oren draw at* ALEX. *Mae'n craffu arno.*)

ALEX. Beth sy gan orene? Fitamin C. Beth ma' fitamin C yn gneud?

JAY. Amddiffyn rhag heintie.

ALEX. Ie. Ein hamddiffyn ni rhag heintie.

Cerwch i'r ffreutur, edrychwch am unrhyw beth sy'n llawn fitamin C – orene, brocoli, blodfresych, Brussels sprouts –

JAY. Ych-a-fi, dim Brussels sprouts.

ALEX. Ie, Brussels sprouts. Cerwch, glou.

— Nid popeth, ddo. Ma' ishe cadw digon 'nôl i ni. Jyst rhag ofn.

— *Gweithiodd y ffrwythe a'r llysie. Am tym' bach.*

— *Dyma nhw'n bywiogi. Am tym' bach.*

— *Ond ro'n nhw'n dal yn peswch. Dal â rash.*

— *Ro'dd yn rhaid iddyn nhw fynd 'nôl i'w bydysawd. A'n glou.*

ALEX. OK, gadewch i ni feddwl.

Jay, alli di helpu fi? 'Wi wir angen dy help di.

FRANKY. Allwn ni i gyd helpu.

JAY. Gadewch i ni fynd 'nôl i'r dechre.

Beth y'n ni'n gwbod yn bendant?

SAM. Bod 'na fydysawd arall.

ASH. Gyda fersiyne gwahanol ohonon ni ynddo fe.

BILI. Neu bobl ry'n ni 'di'u colli.

CAM. Neu bobl sy ddim 'ma o gwbwl.

ALEX. Cywir. Ie.

'Nath Pioden ddwyn rhywbeth, 'nath Ash ddim.

'Nath gyrrwr decsto, 'nath gyrrwr ddim.

Adeiladodd ysgol floc Gwyddoniaeth newydd, 'nath ysgol ddim.

JAY. 'Nath y'n mam ni gwrdd â 'nhad i. 'Nath Mam gwrdd â rhywun arall.

ALEX. Ac yn y blaen.

Canlyniade gwahanol o wahanol benderfyniade.

JAY. Ac i bob penderfyniad, ma'r opsiwn dy'n ni ddim yn 'i ddewis yn digwydd mewn bydysawd arall sy'n bodoli mewn lle ac amser gwahanol.

MAC. OK, so shwt ma' hwnna'n helpu ni nawr?

ALEX. Sa i'n gwbod.

PIODEN. Allwn ni ddad-wneud beth y'n ni 'di'i 'neud heddi? Y dewisiade 'nethon ni? Stopo nhw rhag digwydd?

ASH. Shwt?

PIODEN. Sa i'n gwbod.

JAY. Symo ni'n gallu dad-wneud ein dewisiade ni.

Nyge beth *'nethon* ni sy'n bwysig –

JAY *ac* ALEX. Ond beth 'newn ni nesa.

BILI. A nyge ishte fan hyn ar wahân yn syllu ar ein gilydd ddyle hynny fod.

ASH. Ma' fe'n iawn. Ma' angen pob un ohonon ni, gyda'n gilydd.

(*Mae'r ddwy ochr yn cyfuno. Maent yn siarad yn fywiog, yn rhannu syniadau.*)

— *Dyma ni'n nôl y byrdde gwyn o'r dosbarthiade cyfagos a'u gosod o gwmpas y neuadd.*

— *Dyma ni'n nôl y Bunsen burners a'r microsgope.*

— *Y deunyddie celf i gyd.*

— *Pob gwerslyfr o'n ni'n dod o hyd iddo, llyfre llyfrgell hefyd – ffuglen a llyfre ffeithiol, ro'n ni'n desperate yn chwilio am syniade.*

— *Crash mats.*

— *Standie cerddoriaeth.*

— *Un o'r olwynion 'na sy'n clecian wrth fesur pellter.*

— *Unrhyw beth alle'n helpu ni i weithio mas beth i 'neud.*

(*O ganol yr holl brysurdeb, mae* CAM *yn ymddangos. Ond gall neb ei glywed.*)

CAM. Pawb gyda'i gilydd.

— Beth am –?

CAM. Pawb gyda'i gilydd.

— Beth os 'newn ni –?

CAM. Pawb gyda'i gilydd.

MAC. Beth ti'n gweud? Shhh, ma' Cam yn gweud rhywbeth.

CAM. Pawb gyda'i gilydd.

ASH. Ie, ma' angen i bawb weithio gyda'i gilydd. 'Na beth 'wedes i. A dyna beth y'n ni'n 'neud.

CAM. Cadwyn o bobl.

JAY. Esbonia.

CAM. Ni'n creu cadwyn o bobl, un sy'n ddigon hir i gyrraedd lan i'r rhwyg.

Yna gall rhywun ddringo i fyny'r gadwyn a mynd drwyddo.

PIODEN. 'Nes i awgrymu mynd trwy'r rhwyg gynne.

CAM. Do, ond os yw'r person yna wedi'i gysylltu â chadwyn o bobl ac ma' 'na ddeinosoriaid neu gathod enfawr lan 'na, mae'n golygu na fyddan nhw'n stuck yn y bydysawd 'na heb unrhyw ffordd 'nôl.

(*Curiad wrth i bawb feddwl am hyn, yna pobl yn bloeddio 'Na', 'No way', 'As if', etc.*)

JAY. O's gan unrhyw un syniad gwell?

(*Mae hyn yn tawelu pawb.*)

OK. 'Newn ni greu'r gadwyn ac yna af i drwyddo.

ALEX. Symo ti'n ddigon iach.

FRANKY. 'Wna i e. 'Wi di bradychu 'nhad a 'mrawd drwy ishe'u gadel nhw. Af i drwyddo, 'na'r peth lleia allen i'i 'neud.

— Franky, ma' d'angen di ar dy dad. A dy frawd. Ti'n ffili cymryd y risg.

FRANKY. Pwy sy'n gallu cymryd y risg? Ma' 'da ni i gyd bobl sydd y'n hangen ni, fydd yn ein colli ni.

ASH. 'Naf i e.

ALEX. Pam?

ASH. 'Na'r peth lleia alla i'i 'neud.

JAY. Beth ti'n feddwl?

ASH. Ma' Pioden yn gwbod.

(*Creu'r gadwyn o bobl –*)

— *Dechreuon ni drwy greu'r angor, dau athro yn y neuadd wedi'u clymu i golofn â chadwyni beic.*

— Digon tyn?

— Digon tyn.

— *Ac o f'yna dyma ni fel un neidr fawr allan o'r drws, gan gydio yn ein gilydd o gwmpas canol pob un, wedi ein clymu â'n gilydd 'da beth bynnag o'n ni'n dod o hyd iddo – siwmperi, teits, gwifre headphones. Unrhyw beth o'dd yn y'n helpu ni i aros 'da'n gilydd.*

— *Cyn gynted â'n bod ni fodfeddi o'r drws, fe deimlon ni'r dynfa.*

— Anadl ddofn. Gallwn ni 'neud hyn. Ma'n rhaid i ni.

— *Parhaodd y gadwyn nes ei bod hi reit o dan y rhwyg lle dechreuon ni gael ein codi oddi ar y ddaear. Dyma ni'n dal yn dynnach.*

— *Ro'dd hi'n anodd dweud pa mor uchel o'dd rhaid i ni fynd. Ymlaen a 'mlaen aethon ni, pob linc newydd yn cropian dros y rhai o'dd o'u blaene nhw cyn 'u hychwanegu eu hunain at y gadwyn.*

CAM. Mac, dy dro di.

MAC. No way.

PIODEN. Ma' angen pawb.

MAC. 'Wi'n ffili.

BILI. Ti'n gallu.

MAC. 'Wi ofn.

SAM. Ma' ofn arnon ni i gyd.

MAC. 'Wi'n ffili'i 'neud e ar 'yn ben 'yn hunan.

FRANKY. Symo ti ar dy ben dy hunan. Drycha ar bawb.

Ti sy nesa, Naz.

(*Mae* NAZ *yn dal ei law allan i* MAC *ond nid yw* MAC *yn ei chymryd.*)

MAC. 'Wi'n ffili.

— *Lan a lan aethon ni – Ni a Nhw, un ar ôl y llall – yn ymestyn i fyny tuag at y rhwyg yn yr awyr.*

ASH. Y di e'n ddigon uchel?

CAM. Sa i'n siŵr, ond sneb ar ôl heblaw amdanon ni'n dau.

— *Cam 'nath gropian i fyny'n gynta, Ash yn agos ar ei ôl e.*

— *Po fwyaf agos i'r rhwyg aethon nhw, cryfa o'dd y dynfa.*

CAM. Symo fe cweit yn ddigon hir o hyd.

ASH. Allen i neidio?

CAM. Na. Rhaid i ni i gyd aros wedi'n cysylltu os yw hwn yn mynd i weithio.

— *Ro'dd hi'n A-men arnon ni, ond yna –*

CAM. Mac!

MAC. O'dd e'n boring lawr f'yna ar 'yn ben 'yn hunan, do'dd neb i siarad â nhw.

— *O'r diwedd ro'dd pawb wedi'u cysylltu ac ro'dd Ash yn gallu codi'i phen drwy'r rhwyg.*

PAWB. Wel?

ASH. Ma' fe'n edrych fel ein iard ni. Symo fe o dan ddŵr. Sdim deinosoriaid na chathod enfawr.

Hang on, ma' rhywun yn dod. Ma'… rhaff 'da nhw. Ma' rhaff 'da nhw. Pam na 'nethon ni feddwl am 'ny?

— *Cymerodd Ash y rhaff, ei thynnu hi drwy'r rhwyg a'i phasio hi i lawr y gadwyn tuag at yr athrawon ar y gwaelod, a aeth ati i'w chlymu i'r golofn yn y neuadd.*

— Digon tyn?

— Digon tyn.

— *Dringodd pawb i lawr ac arhosodd y rhaff yn dynn, gan glymu'r ddau fydysawd at ei gilydd. Ro'dd hi'n amser newid 'nôl.*

ASH. 'Wi wir yn sori.

PIODEN. Anghofia fe.

ASH. Dylen i fod wedi cyfadde taw fi o'dd e.

PIODEN. Dylet, ie. Falle nyge fi sy angen newid.

— *Wrth iddyn nhw ddringo'r rhaff dyma ni'n gwenu, yn chwifio, dweud hwyl fawr, ond ro'dd hi'n anodd edrych i fyw eu llygaid.*

MAC. Wela i di.

CAM. Ie.

MAC. Ma' 'da ti'r gallu, ti'n gwbod. I amddiffyn dy hun. 'Wi 'di'i weld e.

Bydda'n fwy dewr. Cofia shwt deimlad o'dd e i sefyll lan drosot ti dy hun.

CAM. Bydd yn fwy caredig. Cofia shwt beth o'dd e i deimlo ofn.

— *Wrth i'n rhai ni ddod 'nôl i lawr, ro'dd 'na gwtsho a llefen.*

— *Ro'dd rash a pheswch gan ein rhai ni hefyd. Gofynnon ni iddyn nhw shwt gethon nhw eu trin.*

— Yn dda iawn.

— O'n nhw mor garedig. Yn becso amdanon ni.

— 'Nethon nhw wir ofalu amdanon ni.

— *Ddwedodd neb ddim.*

— *Edryches i ar y llawr.*

— *Edryches i ar 'yn sgidie.*

ALEX. Ta-ra 'te. Allen i ddim fod 'di gneud hyn hebddot ti.

JAY. 'Wi'n gwbod 'ny.

ALI. Haia.

REMI. Haia

MAC. Weles i'ch ishe chi.

ALI *a* REMY. Do fe?

MAC. Do. 'Wi'n falch i gael pethe'n ôl i normal.

ALI. Ie, ynglŷn â 'ny.

REMY. Symo ni'n mynd i gerdded dau gam ar dy ôl di o hyn ymlaen.

ALI. Na chytuno â phopeth ti'n gweud.

REMY. Na 'neud popeth ti'n gweud.

MAC. OK.

ALI *a* REMY. Wir?

MAC. Ie.

   (*Mae* ALI *a* REMY *yn cerdded i ffwrdd gyda'i gilydd, gan adael* MAC *ar ôl.*)

MAC. Hang on, arhoswch i fi.

   (*Mae* MAC *yn eu dilyn.*)

— *O'r diwedd ro'dd pawb yn ôl lle dechreuodd y cyfan, pawb heblaw am* –

BILI. Plis paid â mynd.

SAM. Ma'n rhaid i fi.

BILI. Nag o's. Aros. Dere gatre 'da fi ac allwn ni fod yn deulu eto.

SAM. Ond beth am 'yn Bili i? Beth am 'yn fam i?

   Ti ishe iddyn nhw 'ngholli i 'fyd, pan ti'n gwbod shwt ma' fe'n teimlo?

   (*Mae* BILI *yn codi'i ysgwyddau.*)

   'Wi'n gwbod 'i fod e'n anodd.

   Ond gad i fi fynd fel na fydd 'yn Bili i yn teimlo mor wael â ti.

BILI. Fi yw dy Bili di.

SAM. Nage. Ti'n gwbod 'ny.

   Ti'n debyg iddo fe, ddo. Caredig. Wastad yn edrych ar 'yn ôl i.

BILI. Edryches i ddim ar dy ôl di'n ddigon da, ddo.

SAM. Nyge dy fai di o'dd e.

BILI. 'Wi ishe'n Sam i'n ôl.

SAM. 'Wi'n gwbod. Ond alli di ddim 'i chael hi, ma' hi 'di mynd.

Ond fe alli di roi Sam yn ôl i'r Bili sy lan f'yna.

BILI. 'Wi'n caru ti.

SAM. 'Wi'n caru ti 'fyd.

(*Maent yn cofleidio.*)

ALEX. *A jyst fel 'na, a'th popeth 'nôl i normal.*

— *Normal heblaw am y rhwyg anferth o'dd yn chwyrlïo yn yr awyr.*

ALEX. *Heblaw am 'ny, ie.*

— *Dyma ni'n llenwi'r rhwyg â bwrdd trestl am ychydig. Llusgodd Mr Chandra a Miss Moore un i fyny'r rhaff. Barodd e'n ddigon hir i ni ddianc o 'na.*

— *Ro'dd yr heddlu a'r ambiwlans a'r injan dân a'r rhieni a'r cymdogion a'r gofalwyr a ffigyre rhyfedd mewn siwtie du yn aros tu ôl i ruban yn bell yn ôl o gatie'r ysgol.*

— *Ro'dd y ffigyre rhyfedd mewn du i'w gweld itha crac pan glywon nhw'n bod ni wedi achub y dydd â 'chydig o raff a bwrdd trestl.*

Dyma nhw'n rhuthro i'r adeilad wrth i'n hanwyliaid ein cofleidio ni â chwtshys a dagre.

— *Ro'dd yr ysgol ar gau am amser maith, o'dd yn grêt i ddechre ond yna o'dd hi'n itha diflas.*

ASH. *'Wi'n meddwl am Pioden drwy'r amser. Am beth ma' hi'n 'neud lan f'yna. Ydy hi'n ok? A fydden i'n 'i gweld hi 'to se fe'n digwydd eto? Allai hyn ddigwydd eto?*

ALEX. *O leia y'n ni'n ymwybodol o'r arwyddion. Cofiwch – blinder, penne tost, pobl yn ymddwyn yn od, penderfyniade rhyfedd.*

— *Yn ôl y cyhoeddiad swyddogol, ffenomenon eithriadol, prin o'dd yr awyr ryfedd.*

— *Newid yn yr hinsawdd.*

— *Diflannu'n syth 'nath unrhyw beth drion ni'i roi ar y gwefanne cymdeithasol.*

— *Do'dd dim byd ar y newyddion nac yn y papure, a 'nath neb erioed ddarganfod ai dim ond fan hyn digwyddodd y peth, neu dros y byd i gyd.*

— *'Nath neb y'n credu ni am beth ddigwyddodd go iawn.*

BILI. *Sa i 'di gweud wrth Mam am Sam. Ddim heb unrhyw dystiolaeth. Ond 'wi'n gwbod. Ac ma' gwbod 'i bod hi'n hapus ac wrth 'i bodd lan f'yna'n 'neud i fi deimlo'n well, a bod un Bili heb ei cholli o leia.*

MAC. *'Wi'n ystyried fy newisiade bob dydd nawr. Popeth, hyd yn oed rhywbeth mor syml â beth i gael i frecwast. Os ca i uwd yn lle tost, o's bydysawd cyfan yn cael ei greu? Bydys-uwd? Ac ydi hwnna'n well neu'n waeth? Beth os yw'r 'fi' yn y bydys-uwd yn joio mwy na fi fan hyn?*

FRANKY. *Dechreues i ame a o'dd e 'di digwydd o gwbwl. O'dd y cyfan yn ymddangos mor far-fetched. Sen i'n meiddio ystyried gadel Dad. Achos pan weles i e tu fas i'r ysgol yn poeni'i enaid, sylweddoles i bod 'i angen e arna i lawn cymaint ag y ma'n angen i arno fe.*

BILI. Ac os 'yt ti byth ishe brêc, moyn hala amser 'da rhywun.

FRANKY. Sen i'n lico 'ny, diolch.

— *Pan ailagorodd yr ysgol o'r diwedd, rhedon ni i gyd i'r iard ar unwaith ac edrych i'r awyr. Syllu.*

— *Craffu.*

— *Rhythu.*

PAWB. *Rhyfeddu.*

— *Ro'dd hi'n normal. Yn hollol normal.*

— *Glas.*

— *Llonydd.*

— *Distaw.*

— *Heddychlon.*

Ond os craffwch chi'n ddigon caled –

ALEX. F'yna, weli di fe?

— Ble?

ALEX. F'yna. Os edrychi di ma' llinell welw, lle ma' nhw 'di gwnïo'r awyr yn ôl at ei gilydd. Symo'r ddau las cweit yr un peth.

— Alli di'i weld e?

— Gallaf.

— Fi 'fyd.

— Ble?

— 'Wi'n 'i weld e. So, ddigwyddodd e 'te?

— Yn bendant.

— Gant y cant.

— O'n ni'n iawn.

— *Dydd Mawrth o'dd hi.*

— *Yn Ysgol Penrhewl.*

— *Ac o'dd e'n hollol, hollol weird.*

(*Y Diwedd.*)

ALISON CARR

Mae gwaith theatr Alison yn cynnwys *The Last Quiz Night on Earth* (Box of Tricks Theatre Company); *Caterpillar* (Theatre503/Stephen Joseph Theatre, rownd derfynol Gwobr Ysgrifennu Drama Theatre503); *Hush* (Paines Plough/Coleg Brenhinol Cerdd a Drama Cymru/Gate Theatre); *Iris* (Live Theatre, enillydd Ysgrifennwr y Flwyddyn, Gwobrau Culture Journal); *Fat Alice* (Traverse Theatre/Oran Mor/Aberdeen Performing Arts); *The Soaking of Vera Shrimp* (enillydd Ysgoloriaeth Live Theatre/The Empty Space); *A Wondrous Place* (Northern Spirit, rownd derfynol am y Cynhyrchiad Stiwdio Gorau, Gwobrau Theatr Manceinion); *Can Cause Death* (perfformiwyd gan David Bradley, enillydd Gwobr Olivier, Project Forward Theatre, National Theatre/Northern Stage/Gŵyl Latitude).

Mae ei gwaith sain yn cynnwys *Armchair Adventures* (Made by Mortals); *We Step Outside and Start to Dance* (Cyngor Celfyddydau Lloegr, Y Loteri Cenedlaethol); *Stuff* (perfformiwyd gan Sophie Thompson, enillydd Gwobr Olivier, Painkiller Podcast); *Dolly Would* (BBC Radio 4). Mae ei gwaith ar-lein yn cynnwys *Last Quizmas* (Box of Tricks Theatre Company); *Uniform* (Onstage: Online).

DAF JAMES

Mae gwaith Daf yn cynnwys *Graveyards in My Closet* (BBC Radio 4); *Tylwyth* (Theatr Genedlaethol Cymru/Theatr Sherman); *On The Other Hand, We're Happy* (Paines Plough/Theatr Clwyd); *Reputations* (BBC Studios); *Nurseryland Revolution* (Let's Play/National Theatre); *My Mother Taught Me How to Sing* (BBC Radio 4); *City of the Unexpected* (National Theatre Wales); *All That I Am* (Richard Burton Theatre Company/Gate); *Wonderman* (Gagglebabble/NTW); *Mother Courage* (NTW); *Crackanory* (Tiger Aspect/Dave); *Psychobitches* (Tiger Aspect/Sky Arts, Enillydd Gwobr Rose d'Or); *Heritage* (NT Connections); *Sue: The Second Coming* (Soho Theatre a thaith yn y DU); *Terrace* (BBC Radio 3); *Gwaith/Cartref* (10 rhaglen, Fiction Factory); *The Village Social* (NTW); *Click* (Mess up the Mess); *Snowchild* (Sherman Cymru/Theatr Iolo); a *My Name is Sue* (Enillydd Gwobr Total Theatre).

Yn ogystal, mae Daf wedi cyfieithu nifer o ddramâu i'r Gymraeg ac i'r Saesneg gan gynnwys *Spring Awakening: The Musical* i Theatr Genedlaethol Cymru; *The Flock* gan Jesper Wamsler i Wasg Gomer; *Yuri* gan Fabrice Melquiot ar gyfer August 012, a *Wanted Petula* ar gyfer August 012, National Theatre Wales a Theatr Genedlaethol Cymru; a'i ddrama ei hun *Heritage* ar gyfer manyleb UG Drama CBAC.

Llyfr gan Nick Hern Books

Cyhoeddwyd *Tuesday* gyntaf yn y Deyrnas Unedig yn 2021 fel llyfr clawr meddal gwreiddiol gan Nick Hern Books Limited, The Glasshouse, 49a Goldhawk Road, Llundain/London W12 8QP

Dyluniad a gosodiad gan Nick Hern Books, Llundain
Argraffwyd yn y DU gan Mimeo Ltd, Huntingdon, Swydd Gaergrawnt/Cambridgeshire PE29 6XX

Mae cofnod catalog CIP ar gyfer y llyfr hwn ar gael gan y Llyfrgell Brydeinig

ISBN 978 1 83904 000 9

www.nickhernbooks.co.uk

facebook.com/nickhernbooks

twitter.com/nickhernbooks